MEDIEN WELTEN

ENTDECKEN – VERSTEHEN – GESTALTEN

Lehrerhandreichungen

Erarbeitet von

Christoph Deeg

Franziska Höhne

Florian Nuxoll

Thomas Rudel

Herausgegeben von

Florian Nuxoll

Diesterweg

© 2016 Bildungshaus Schulbuchverlage

Westermann Schroedel Diesterweg Schöningh Winklers GmbH, Braunschweig

www.diesterweg.de

Das Werk und seine Teile sind urheberrechtlich geschützt. Jede Nutzung in anderen als den gesetzlich zugelassenen Fällen bedarf der vorherigen schriftlichen Einwilligung des Verlages.

Hinweis zu § 52a UrhG: Weder das Werk noch seine Teile dürfen ohne Einwilligung gescannt und in ein Netzwerk eingestellt werden. Dies gilt auch für Intranets von Schulen und sonstigen Bildungseinrichtungen. Für Verweise (Links) auf Internet-Adressen gilt folgender Haftungshinweis: Trotz sorgfältiger inhaltlicher Kontrolle wird die Haftung für die Inhalte der externen Seiten ausgeschlossen. Für den Inhalt dieser externen Seiten sind ausschließlich deren Betreiber verantwortlich. Sollten Sie daher auf kostenpflichtige, illegale oder anstößige Inhalte treffen, so bedauern wir dies ausdrücklich und bitten Sie, uns umgehend per E-Mail davon in Kenntnis zu setzen, damit beim Nachdruck der Verweis gelöscht wird.

Druck A2 / Jahr 2016
Alle Drucke der Serie A sind im Unterricht parallel verwendbar.

Redaktion: lüra – Klemt und Mues GbR, Wuppertal
Illustrationen: Helen Gruber, Vechta
Umschlaggestaltung: LIO Design GmbH, Braunschweig
Layout: Anna-Maria Klages, Wuppertal
Druck und Bindung: westermann druck GmbH, Braunschweig

ISBN 978-3-425-**04549**-8

Vorwort

Liebe Kolleginnen, liebe Kollegen,

das Arbeitsheft „Medienwelten. Entdecken – verstehen – gestalten" bietet einen Lehrgang zur Medienerziehung an, der mit einem „Zertifikat/Medienpass" (Heft S. 63) abgeschlossen werden kann. Der Konzeption des Arbeitshefts liegt die Empfehlung „Medienbildung in der Schule" der Kultusministerkonferenz vom 08.03.2012 zu Grunde, die wiederum die Basis für die Vorgaben zur Umsetzung der Medienbildung in den Bundesländern darstellt (z. B. Basiskurs Medienbildung BW, Medienkomp@ss RR, Medienpass NRW).

Empfehlungen zur Integration der Medienbildung in den Unterricht
Der Kurs Medienbildung kann in Klasse 5/6 je nach Voraussetzungen an Ihrer Schule unterschiedlich durchgeführt werden. Entweder als **Projektwoche,** als **eigenes Fach „Medienbildung"** oder **eingebunden in mehrere bereits existierende Fächer.**
In letzterem Fall werden die sechs Module des Arbeitshefts auf mehrere Fächer verteilt. Die Module sind unabhängig voneinander unterrichtbar. Lediglich die Module 3 (Recherchieren) und 4 (Präsentieren) sollten in demselben Fach und nacheinander unterrichtet werden.

Ein Umsetzungsbeispiel für den fachgebundenen Einsatz sieht wie folgt aus:

	Thema	**Fach**
Modul 1:	Grundlagen der Medienbildung	Mathematik
Modul 2:	(Digitale) Kommunikation	Deutsch
Modul 3:	Recherchieren	Biologie
Modul 4:	Präsentieren	Biologie
Modul 5:	Mediennutzung	Klassenstunde
Modul 6:	Wie Werbung beeinflusst	Deutsch

Bei Einsatz des Arbeitshefts kann ein Großteil des Unterrichts auch ohne Computer bzw. andere digitale Geräte im Klassenzimmer stattfinden. Immer dann, wenn die Nutzung von Computern nötig ist, finden Sie in diesem Lehrermaterial das Symbol 🖥.

Zusatzmaterial online
Einzelne Illustrationen aus dem Heft sowie ergänzende Materialien können Sie online abrufen. Geben Sie hierfür auf der Seite www.diesterweg.de/medienwelten/downloads den Online-Schlüssel Ihres Hefts ein, der auf der hinteren Umschlaginnenseite abgedruckt ist.

Vorgestellt: Die Figuren, die durch den Medienkurs führen
Das Arbeitsheft zeichnet sich durch eine altersgerechte situative Einbettung aus. Ihre Schüler/-innen begleiten die Zwillinge Luca und Leni durch ihren Medienalltag.

Die Zwillinge Luca und Leni Beck besuchen die 5. Klasse. Luca interessiert sich kaum für digitale Medien, seine Schwester hingegen nutzt digitale Medien für die Kommunikation mit Freundinnen.

Vorwort

Deniz ist Lucas bester Freund. Er geht in dieselbe Klasse wie Leni und Luca und interessiert sich sehr für alles Digitale. Er spielt gern den Besserwisser.

Sina ist Lenis beste Freundin. Sie geht in dieselbe Klasse wie die anderen Kinder.

Cem ist der große Bruder von Deniz. Er kennt sich gut mit digitalen Medien aus und teilt sein Wissen mit Luca und Deniz.

Vessi ist Sinas große Schwester. Sie verbringt (zu) viel Zeit online und unterhält einen eigenen Youtube-Kanal. In ihren Youtube-Videos klärt sie auch immer wieder über die Gefahren im Internet auf.

Herr und Frau Beck sind die Eltern von Leni und Luca. Frau Beck ist Journalistin und nutzt den Laptop etc. sowohl privat als auch beruflich. Herr Beck ist Schreiner und nutzt digitale Medien nur, wenn nötig.

Modul	Storyline	Stunden
1	Die Schüler/-innen gehen in den Computerraum in ihrer Schule. Im Vorfeld erklärt Deniz' großer Bruder Cem die Regeln für dessen Nutzung und erläutert die Bedeutung eines sicheren Passwortes. Die Schüler/-innen sollen ein Steckbrief erstellen und müssen dazu ein Foto digital auf einem USB-Stick mit zur Schule bringen.	6–7
2	Kinder, Eltern und Lehrer kommunizieren über die Vorbereitung einer Schulhausübernachtung, wobei sie unterschiedliche Kommunikationswege nutzen. Während der Übernachtung machen die Kinder Fotos, die sich schnell digital verbreiten. Ein Schüler (Deniz) fühlt sich dadurch bloßgestellt.	5–6
3	Die Schüler/-innen bereiten eine Präsentation über ein Tier vor (Leni und Deniz: Delfin, Luca und Sina: Wolf). Sie lernen, im Internet zu recherchieren und die unterschiedlichen Informationen zu beurteilen und auszuwerten.	5–6
4	Die Schüler/-innen bewerten ihre Präsentationen gegenseitig: Luca und Sina haben ihre Folien nicht gut aufgebaut, Leni und Deniz müssen noch an der Art ihres Vortrags arbeiten.	7–8
5	Die großen Geschwister (Vessi und Cem) führen ein Medientagebuch, um ihren Medienkonsum einzuschätzen. Die Familie diskutiert Probleme und vereinbart Regeln zur Mediennutzung.	5–6
6	Sina lässt sich von Schleichwerbung in Youtube-Clips beeinflussen. Ihre große Schwester Vessi klärt sie über versteckte Werbung auf.	3–4
Medienpass		1–2

Inhalt

Vorwort 3

Modul 1: Grundlagen der Medienbildung 6
Fachbegriffe 6
Passwörter 9
Regeln im Computerraum 10
Speichermedien 11
Textformatierung 13
Dateiverwaltung 14
Vergleich von Geräten 15

Modul 2: (Digitale) Kommunikation 16
Kommunikationswege 16
E-Mail 18
Chat 19
Privatsphäre 21

Modul 3: Recherchieren 24
Medien 24
Suchmaschinen 25
Internetrecherche 28
Informationsauswertung 29

Modul 4: Präsentieren 31
Präsentationsmittel 31
Folien 33
Vortrag 35

Modul 5: Mediennutzung 36
Medien im Alltag 36
Reflexion des Medienverhaltens 37
Medientagebuch 37
Regeln für den Medienkonsum 40

Modul 6: Wie Werbung beeinflusst 43
Werbung im Alltag 43
Zielgruppen 45
Schleichwerbung 47

Grundlagen der Medienbildung

Fachbegriffe

Um über Medien und ihre Nutzung zu sprechen, sind grundlegende Fachbegriffe unabdingbar. Da die Schüler/-innen vermutlich heterogenes Vorwissen mitbringen, ist es sinnvoll, zunächst eine gemeinsame Basis an Kenntnissen sicherzustellen. Eingeführt werden hier zentrale Geräte, welche viele der Schüler/-innen vermutlich bereits kennen. Anhand der Abbildung eines Laptops werden Software und wichtige Hardwarekomponenten identifiziert und benannt.

Kompetenzerwartungen: Die Schüler/-innen …
- kennen die für die Arbeit mit Medien wichtigsten Geräte und können sie korrekt benennen,
- können Hard- und Softwarekomponenten eines Laptops unterscheiden und korrekt benennen.

Seite 4

Anregungen für den Einsatz im Unterricht

Die Einstiegsseite zeigt einige Protagonisten dieses Arbeitsheftes (Familie Beck) bei der Nutzung verschiedener Medien. Zunächst können die Schüler/-innen die Abbildungen im Plenum beschreiben. Im Anschluss können eigene Erfahrungen mit den unterschiedlichen Medienaktivitäten angesprochen werden.

Mögliche Leitfragen:
- Was machen die Personen? Beschreibe die Aktivitäten der Familienmitglieder möglichst genau.
- Gibt es elektronische Geräte, die du nicht kennst oder nicht benennen kannst?
- Was erfahren wir über die Mediennutzung der Familie Beck?

Auf die im Bild angedeutete digitale Datenübertragung wird nicht eingegangen, sie kann jedoch mithilfe des Bildes thematisiert werden. Im Unterrichtsgespräch kann dabei auch auf die örtlichen Gegebenheiten eingegangen werden (WLAN in der Schule, Handymasten, Netzwerkdosen, Bluetooth etc., auch Handynutzung in der Schule, Chancen und Risiken der digitalen Datenübertragung).
Um den Erfahrungshorizont zu erweitern, könnte die Lehrkraft auf Geräte und Medien hinweisen, die heute nicht mehr genutzt werden, z. B. *Kassettenrecorder, Walkman, Schreibmaschine, Wählscheibentelefon, Diskette, Videokassette, Filmrolle, Dias und Diaprojektor oder Schallplatten.*

Möglicher Verlauf:
- Die Lehrkraft erzählt, wie der Medienalltag in der eigenen Jugend (bzw. der der Elterngeneration) ausgesehen hat,
- die Schüler/-innen spekulieren darüber, wofür diese Geräte benutzt wurden,
- einzelne Schüler/-innen kommen nach vorn und versuchen, die Geräte zum Laufen zu bringen.

Im Anschluss daran betrachten die Schüler/-innen das Wimmelbild, benennen die aktuellen Geräte und klären ihre Verwendung. Abschließend spekulieren sie, welche dieser Geräte wohl in zwanzig Jahren nicht mehr gebräuchlich sein dürften.

Differenzierungsvorschläge

↑ Die Schüler/-innen vergleichen das Mediennutzungsverhalten ihrer eigenen Familie mit dem der Familie Beck.

Fachbegriffe — Grundlagen der Medienbildung 1

Seite 5

Anregungen für den Einsatz im Unterricht

Die Schüler/-innen bearbeiten die Aufgaben 1 bis 3 in Einzel- oder Partnerarbeit. Im Anschluss werden die Aufgaben im Plenum besprochen.

Lösungshinweise

 1. Handy, 2. Tablet, 3. Laptop, 4. Router, 5. Drucker, 6. CD, 7. USB-Stick, 8. Maus, 9. Tastatur, 10. Monitor, 11. Computer/PC

 Frage 1: Tastatur, Maus
Frage 2: Laptop, Tablet
Frage 3: CD, USB-Stick
Frage 4: Internetverbindung herstellen, Daten senden und empfangen
Frage 5: Drucker, Monitor

 Individuelle Antworten.

Die Arbeitsergebnisse können in der Lerngruppe auch quantitativ ausgewertet und dargestellt werden, z. B. als Säulendiagramm auf einem Plakat oder mithilfe eines Tabellenkalkulationsprogramms.

Hinweis: Die Darstellung als Tortendiagramm empfiehlt sich nicht, da diese Diagrammform im Mathematikunterricht der 5. Klassen in der Regel noch nicht eingeführt ist.

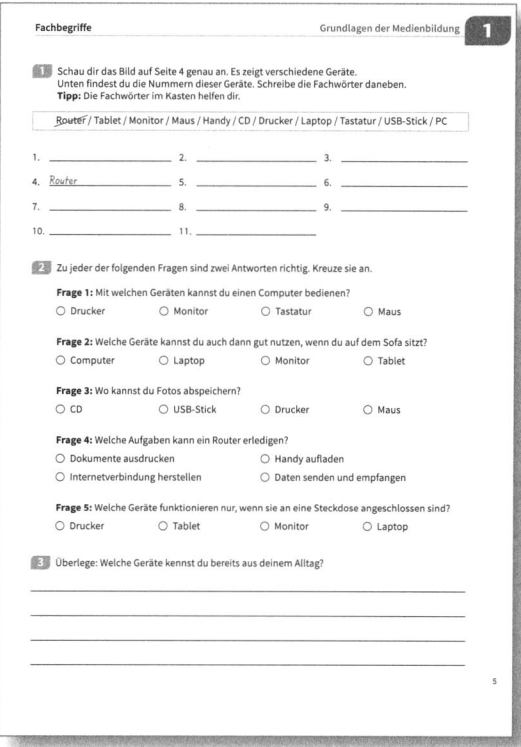

Differenzierungsvorschläge

 ↑ Die Lehrkraft schreibt einige Synonyme an die Tafel, die die Schüler/-innen den Fachbegriffen aus dem Arbeitsheft zuordnen: *Notebook, Mobiltelefon, Bildschirm, Memory Stick, Keyboard.*

Lösungshinweis: Notebook → Laptop, Mobiltelefon → Handy, Bildschirm → Monitor, Memory Stick → USB-Stick, Keyboard → Tastatur

 ↑ Schnelle Schüler/-innen können ihre Ergebnisse vorab untereinander vergleichen. Im Anschluss erfolgt dann die Auswertung im Plenum.

↑ Die Schüler/-innen können die Geräte zusätzlich nach der Häufigkeit ihres Gebrauchs ordnen. Mögliche Aufgabe: Nummeriere: Welches Gerät ist in deiner Familie am häufigsten in Gebrauch (1)? Welches am zweithäufigsten (2)? usw.

Weiterführende Aufgabe

Die Schüler/-innen erstellen (entweder auf Papier oder am Computer) ein eigenes Quiz in Anlehnung an Aufgabe 2. Dafür schreiben sie in Partnerarbeit Fragen auf, die sie dann anderen Kindern oder der Lehrkraft stellen. Beispielfragen:

- Ist die folgende Aussage richtig? Kreuze an.
  „Mit einer Maus kann ich einen Computer bedienen." ☐ ja ☐ nein

- Welches der folgenden Geräte ist in der Klasse am weitesten verbreitet? Kreuze an.
  ☐ Tablet ☐ Selfiestick ☐ Drucker ☐ Smartphone

1 Grundlagen der Medienbildung — Fachbegriffe

Seite 6

Anregungen für den Einsatz im Unterricht

Die Schüler/-innen füllen den Lückentext mithilfe der beschrifteten Abbildung unten auf der Seite aus. Sofern ein oder mehrere Laptops zur Verfügung stehen, können die genannten Elemente auch direkt an den Geräten gesucht bzw. gezeigt werden.

Lösungshinweise

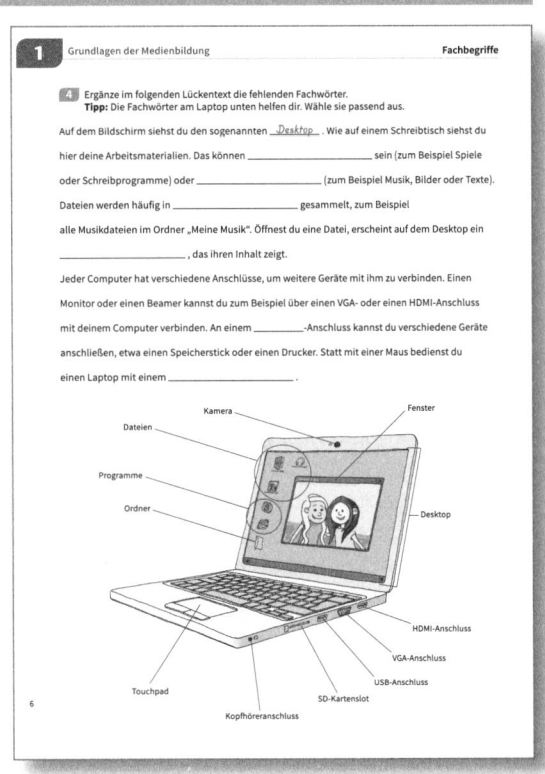

4 Auf dem Bildschirm siehst du den sogenannten **Desktop.** Wie auf einem Schreibtisch siehst du hier deine Arbeitsmaterialien. Das können **Programme** sein (zum Beispiel Spiele oder Schreibprogramme) oder **Dateien** (zum Beispiel Musik, Bilder oder Texte). Dateien werden häufig in **Ordnern** gesammelt, zum Beispiel alle Musikdateien im Ordner „Meine Musik". Öffnest du eine Datei, erscheint auf dem Desktop ein **Fenster,** das ihren Inhalt zeigt.
Jeder Computer hat verschiedene Anschlüsse, um weitere Geräte mit ihm zu verbinden. Einen Monitor oder einen Beamer kannst du zum Beispiel über einen VGA- oder einen HDMI-Anschluss mit deinem Computer verbinden. An einem **USB**-Anschluss kannst du verschiedene Geräte anschließen, etwa einen Speicherstick oder einen Drucker. Statt mit der Maus bedienst du einen Laptop mit einem **Touchpad.**

Hinweis: Um eine richtige Auswahl an Begriffen sicherzustellen, werden einige Laptop-Elemente im Text nicht genannt: *Kamera, Kopfhöreranschluss, SD-Kartenslot.*

Differenzierungsvorschläge

4 ↓ Die Lehrkraft gibt für jede Lücke zwei Begriffe zur Auswahl vor. Dies kann z. B. für die gesamte Klasse auf Folie erfolgen oder nur für einzelne Schüler/-innen als Hilfestellung in Form einer Kopie am Lehrerpult.

4 ↑ Die Aufgabenstellung kann erweitert werden: Welche der im Bild angezeigten Elemente findet man auch …
a) an einem Desktop-PC?   b) bei einem Tablet?

Lösungshinweise:
a) Desktop: alles bis auf Kamera und Touchpad; der SD Kartenslot ist nicht immer vorhanden
b) Tablet: kein Touchpad, kein VGA- und HDMI-Anschluss; SD-Kartenslot und USB-Anschluss sind nur bei einigen Modellen vorhanden.

Weiterführende Aufgaben

Die Schüler/-innen lernen die Hard- und Software-Ausstattung der Schule kennen.

Im Computerraum:
1. Die Schüler/-innen untersuchen einen Computer. Wo sind: *Maus, Tastatur, Monitor, Einschalt-/Ausschaltknopf für PC und Monitor, USB-Anschluss, CD-ROM Laufwerk (falls vorhanden), Monitorkabel, Stromkabel …?*
2. Nachdem die Computer eingeschaltet wurden, erklärt die Lehrkraft, wie sich die Schüler/-innen einloggen können. Je nach System müssen diese nach dem ersten Login ihr Passwort ändern. Dazu kann die Lehrkraft auf den Comic auf S. 7 im Arbeitsheft verweisen.
3. Im Anschluss daran machen sich die Schüler/-innen mit dem Desktop der Schulrechner vertraut. Sie identifizieren die dort angezeigten Programme und Ordner wie z. B.:
Schreibprogramm, Internetbrowser, Ordner in denen die Schüler Dateien abspeichern können …

Hinweis: Wenn der Computerraum nicht zur Verfügung steht, kann die Lehrkraft Fotos der Schulrechner sowie Screenshots der Schul-Desktops zur Verfügung stellen.

Passwörter

Sowohl beim Umgang mit PC und Tablet als auch bei der Nutzung zahlreicher Internetangebote ist die Verwendung von sicheren Passwörtern unumgänglich oder zumindest dringend angeraten. Bei der Wahl eines guten, d. h. nur schwer zu erratenden oder zu entschlüsselnden Passworts tun sich aber nicht nur Kinder und Jugendliche oft schwer.
Die Schüler/-innen erfahren, warum Passwörter wichtig sind und wie sie sichere Passwörter erstellen und sich diese merken können.

Kompetenzerwartungen: Die Schüler/-innen …
- erkennen die Bedeutung von sicheren Passwörtern und
- lernen, wie sie sichere Passwörter erstellen können.

Seite 7

Anregungen für den Einsatz im Unterricht

Die Schüler/-innen lesen den Comic in Einzelarbeit oder im Plenum mit verteilten Rollen. Anschließend beantworten sie die Frage nach den Passwörtern und tragen die Ergebnisse unten rechts auf der Seite im Arbeitsheft ein.

Lösungshinweise

Die Passwörter lauten **C(16)idcBdW!** und **MH,dh3E.**

Weiterführende Aufgaben

Im Unterrichtsgespräch wird thematisiert, was Cem noch alles hätte machen können, nachdem er Vessis Passwort herausgefunden hat. Ergänzend kann die Lehrkraft zu dieser Frage auch schon die folgenden möglichen Antworten vorgeben, aus denen die Schüler/-innen dann die richtigen heraussuchen müssen:

Cem könnte …
1. Vessis E-Mails lesen (ja)
2. Vessis Facebook Seite bearbeiten (ja)
3. Vessis Zeugnisnoten verändern (nein → Vessi selbst hat keinen Zugriff auf die Daten)
4. Vessis Haarfarbe ändern (nein → das wäre nur digital auf Fotos möglich)
5. online auf Vessis Namen einkaufen (ja)
6. Vessis WhatsApp-Nachrichten lesen (nein → dazu bräuchte er auch Vessis Handy)
7. sich beim Chatten als Vessi ausgeben (ja)

1 Grundlagen der Medienbildung — Regeln im Computerraum

Regeln im Computerraum

In wohl jeder Schule (und ebenso in außerschulischen Einrichtungen) ist die Nutzung von Computerräumen und -arbeitsplätzen an bestimmte Regeln geknüpft. Sie dienen dazu, die meist teure Ausstattung zu schützen und sollen dafür Sorge tragen, dass sich der Raum stets in einem Zustand befindet, der allen Nutzern ein möglichst störungsfreies Arbeiten ermöglicht. Regeln können das allgemeine Verhalten im Computerraum (z. B. den Umgang mit den Geräten, Essen und Trinken, Sachbeschädigung), den Umgang mit Daten (z. B. Kennwörtern, Datenträgern) oder die Nutzung des Internets (z. B. Surfverhalten, Eingabe persönlicher Daten) zum Gegenstand haben.
Hier sollen sich die Schüler/-innen mit den Regeln der eigenen Schule auseinandersetzen. Diese können auch zum Anlass genommen werden, eigene Verhaltensregeln zu formulieren.

Kompetenzerwartungen: Die Schüler/-innen …
- kennen wichtige Verhaltensregeln im Computerraum,
- können die genannten Regeln im Umgang mit dem PC reflektieren.

Seite 8

Anregungen für den Einsatz im Unterricht

Da sich die Regeln für die Computerräume von Schule zu Schule unterscheiden, ist es nötig, dass die Lehrkraft die Regeln der eigenen Schule kennt bzw. weiß, wo die Schüler/-innen diese nachlesen können. Nachdem die Schüler/-innen das Gespräch zwischen Deniz und Cem gelesen haben, tragen sie die Regeln ihrer Schule im Arbeitsheft ein.

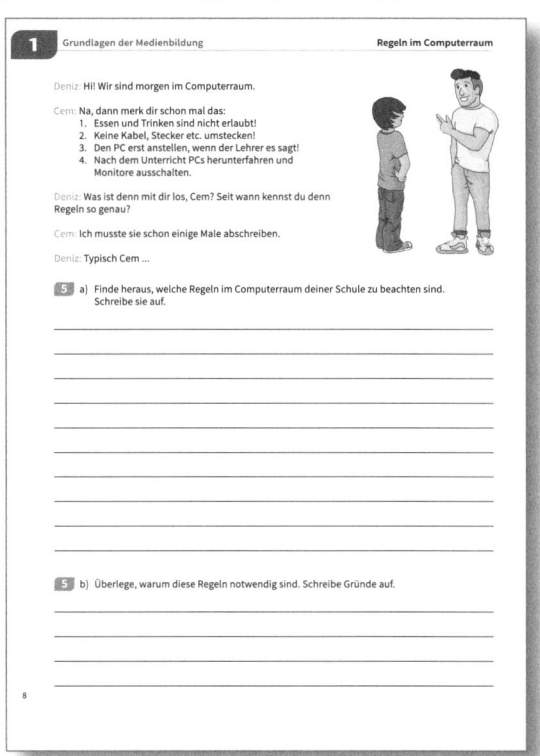

Lösungshinweise

5 a) Individuelle Lösungen.
Sollten keine Computerregeln verschriftlicht worden sein oder wird mit mobilen Geräten im Klassenzimmer gearbeitet, empfiehlt es sich an dieser Stelle, Regeln zu formulieren, die für die Arbeit mit den PCs/Laptops/Tablets für diese Klasse/in diesem Kurs verbindlich sind. Die Regeln können auch auf einem Plakat dauerhaft und gut sichtbar im Klassenzimmer bzw. PC-Raum festgehalten werden.

b) Die Regeln dienen dazu, den Computerraum und die Arbeitsgeräte einsatzbereit und in einem guten Zustand zu erhalten. Lebensmittel können zur Verschmutzung und Beschädigung der Arbeitsgeräte führen (v. a. Getränke!). Das unsachgemäße Umstecken von Kabeln und Steckern verhindert das störungsfreie Arbeiten mit den Geräten.

Differenzierungsvorschläge

5 a) Die Lehrkraft stellt die wichtigsten Regeln zum Abschreiben auf einer Folie zur Verfügung.

↓ b) Die Lehrkraft bespricht den Sinn der Regeln im Plenum, bevor die Schüler/-innen die Aufgabe im Arbeitsheft bearbeiten.

Speichermedien

Grundlagen der Medienbildung 1

Speichermedien

Speichermedien werden zur dauerhaften Speicherung von digitalen Daten verwendet. Sie können zudem genutzt werden, um Dateien oder Programme von einem Arbeitsgerät auf ein anderes zu übertragen. Geläufige Medien sind interne und externe Festplatten, USB-Sticks, CD-ROMs, DVD-ROMs und diverse Speicherkarten, von denen die SD-Karten die geläufigsten sind.
Auf diesen Seiten lernen die Schüler/-innen die gängigsten Speichermedien kennen. Sie informieren sich über Speichergrößen und typische Eigenschaften der einzelnen Medien und erkennen, dass diese für verschiedene Zwecke unterschiedlich gut geeignet sind.

Kompetenzerwartungen: Die Schüler/-innen …
- kennen verschiedene Speichermedien,
- können für typische Szenarien das passende Speichermedium auswählen.

Seite 9

Anregungen für den Einsatz im Unterricht

Die Schüler/-innen lesen zunächst das Gespräch zwischen Lucas, seinem Lehrer und Deniz mit verteilten Rollen.
Anschließend werden die Erläuterungen zu den verschiedenen Speichergrößen und den entsprechenden Maßeinheiten gelesen. Danach lösen die Schüler/-innen die Rechenaufgaben.

Alternativ kann die Lehrkraft verschiedene Speichermedien in den Unterricht mitbringen und diese zunächst von den Schülerinnen und Schülern benennen lassen.

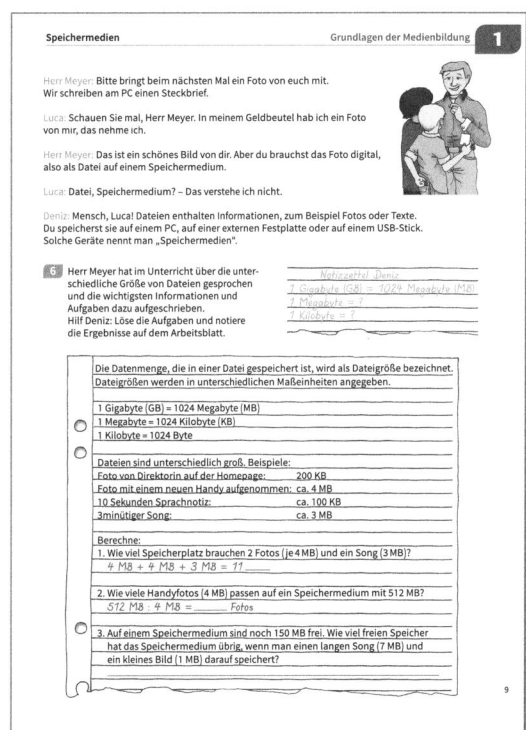

Lösungshinweise

1. 11 MB
2. 128 Fotos
3. 142 MB

Differenzierungsvorschläge

 ↓ Die Lehrkraft löst die Rechenaufgaben gemeinsam mit den Schüler/-innen an der Tafel.

↑ Starke Schüler/-innen denken sich weitere Rechenaufgaben aus. Dabei können sie auch unterschiedliche Maßeinheiten verwenden.

1 Grundlagen der Medienbildung — Speichermedien

Seite 10

Anregungen für den Einsatz im Unterricht

Die Lehrkraft greift noch einmal das Gespräch von Seite 9 im Arbeitsheft auf und erläutert folgende Situation: Luca möchte ein digitales Foto (3–5 MB) mit zur Schule bringen. Die Schüler/-innen lesen sich die Quartettkarten genau durch und empfehlen Luca das am besten geeignete Speichermedium.

Hinweis: Der Preis der Speichermedien wurde bei den Quartettkarten nicht berücksichtigt. Dies kann im Unterrichtsgespräch zusätzlich thematisiert werden.

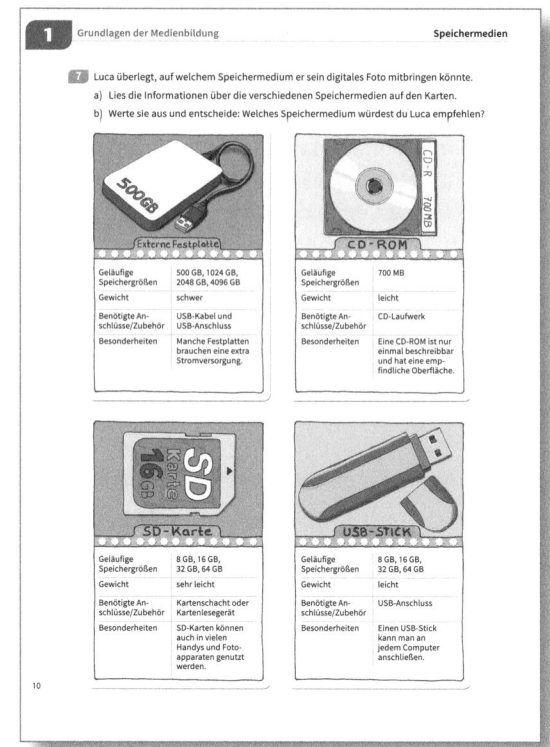

Lösungshinweise

 a) + b) Für Luca empfehlenswert sind ein **USB-Stick** oder eine **SD-Speicherkarte,** sofern sein Rechner einen entsprechenden Kartenschacht besitzt. Die externe Festplatte ist teuer und empfindlich, die CD-ROM nur ein einziges Mal beschreibbar. An den vorhandenen Geräten können die Schüler/-innen überprüfen, welche Anschlüsse ihnen zur Verfügung stehen und auf welchen Datenträgern sie selbst Fotos mitbringen könnten.

Differenzierungsvorschläge

 ↓ a) Die Lehrkraft stellt im Unterrichtsgespräch gezielt Fragen wie z. B.:
1. Welches Speichermedium hat normalerweise 700 MB Speicherplatz?
2. Auf welchem Speichermedium lässt sich am meisten speichern?
3. Welches Speichermedium ist das leichteste?
4. Welches der Geräte passt wohl in eure Hosentasche?

↓ b) Die Lehrkraft klärt als zusätzliche Hilfe Kriterien für Lucas Wahl im Plenum. Folgende Kriterien können thematisiert werden:
- **Speichergröße:** Passt bei jedem.
- **Anschluss:** Nicht jeder Rechner hat einen SD-Slot oder ein CD-ROM-Laufwerk.
- **Größe, Gewicht:** Die Festplatte ist relativ groß und schwer. Der USB-Stick passt in die Hosentasche.

Weiterführende Aufgaben

Die Lehrkraft stellt weitere Situationen vor:
1. Luca hat beim Geburtstag der Oma 300 Fotos geschossen. Diese sind zusammen 900 MB groß. Seine Oma möchte alle Fotos haben. Was sind die Vor-/Nachteile der einzelnen Speichermedien?
2. Lucas Vater möchte alle Daten auf seinem Computer sichern. Welches Speichermedium bietet sich an?
3. In Partnerarbeit bearbeiten die Schüler/-innen folgende Fragen:
Welche Speichermedien hast du selbst schon verwendet? In welchen Situationen?

Textformatierung

Grundlagen der Medienbildung 1

Textformatierung

Textverarbeitungsprogramme bieten eine Vielzahl von Möglichkeiten, Texte nach eigenen Vorstellungen zu gestalten und zu drucken. In beinahe allen Berufen wird der sichere Umgang mit den gängigen Programmen vorausgesetzt. So sollte auch im Rahmen der schulischen Medienbildung möglichst regelmäßig damit gearbeitet werden. Eine kreative und spielerische Heranführung an die Möglichkeiten der Textverarbeitung ist dabei gerade bei den jüngeren Schüler/-innen wichtiger als das systematische Erlernen aller vorhandenen Funktionen.
Formatierungen ermöglichen die grafische Gestaltung von Texten. Dabei lassen sich Zeichen-, Absatz- und Seitenformatierungen unterscheiden. Diese Seite soll die Schüler/-innen dazu anregen, sich kreativ mit den zahlreichen Möglichkeiten eines Textverarbeitungsprogramms auseinanderzusetzen und dessen grundlegenden Funktionen kennenzulernen.

Kompetenzerwartungen: Die Schüler/-innen …
- kennen grundlegende Zeichen- und Absatzformatierungen,
- können mit einem Textverarbeitungsprogramm eigene Texte ansprechend gestalten.

Seite 11

Anregungen für den Einsatz im Unterricht
Im Unterrichtsgespräch fragt die Lehrkraft nach den Vorerfahrungen in Bezug auf Textverarbeitungsprogramme an Computer oder Tablet. Im Anschluss sammelt die Lehrkraft an der Tafel Vor- und Nachteile von elektronischer Textverarbeitung gegenüber handschriftlicher Textproduktion.

Die Schüler/-innen bearbeiten Aufgabe 8 a) in Einzelarbeit. Die Auswertung im Plenum kann mit Hilfe einer Folie erfolgen.
Für Aufgabe 8 b) bekommen die Schüler/-innen zunächst Zeit zum Nachschlagen auf den Seiten 57, 58 und 59 im Schülerarbeitsheft, bevor die Veränderungen im Plenum besprochen werden.

Je nach Ausstattung der Schule und verfügbarer Unterrichtszeit wird die Aufgabe 9 in der Schule oder zu Hause erledigt.

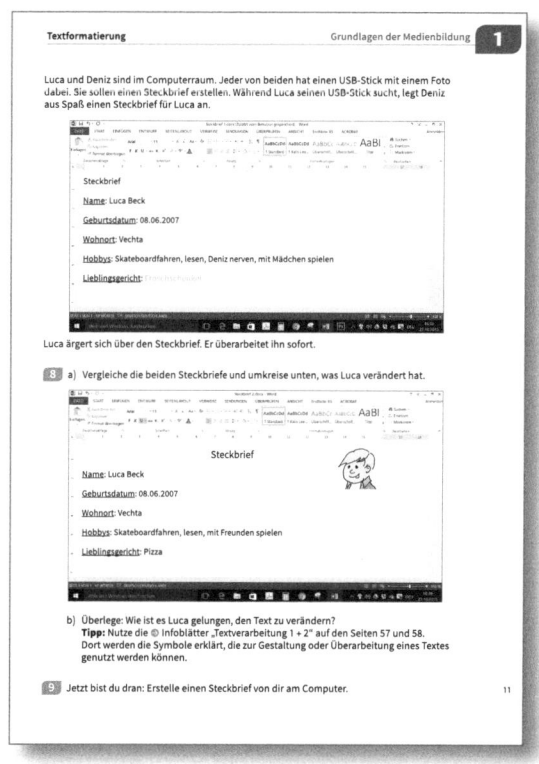

Lösungshinweise

 a) Luca hat Folgendes verändert:
1. Zeile „Steckbrief" mittig gesetzt, Schriftgröße verändert / „Hobbys": Text geändert / „Lieblingsgericht": Text und Farbe geändert / Clipart hinzugefügt

b) Die jeweils relevante Textpassage wird markiert. Im Anschluss wird das entsprechende Symbol angeklickt.

 Individuelle Lösungen.

Differenzierungsvorschläge

 ↑ a) Schnelle Schüler/-innen vergleichen ihre Ergebnisse miteinander. Im Anschluss Auswertung im Plenum.

 ↓ Schwächere Schüler/-innen übernehmen die Kategorien von Lucas Steckbrief.

 ↑ Stärkere Schüler/-innen sollen Kategorien wie z. B. Lieblingsfach, Familienmitglieder etc. ergänzen.

Weiterführende Aufgabe

Schüler/-innen tendieren dazu, Texte zu stark zu formatieren (z. B. zu viele Farben und Schriftarten). Die Lehrkraft präsentiert den Steckbrief in einer überformatierten Form und spricht mit den Schüler/-innen über die Wirkung.

1 Grundlagen der Medienbildung — Datenverwaltung

Datenverwaltung

Die Bedeutung einer guten Datenverwaltung, also der Organisation der Ablage von Dateien auf Arbeitsgeräten und Datenträgern, wird von PC-Anfängern häufig unterschätzt. Die Schüler/-innen speichern Daten ohne Struktur ab und stellen bald fest, dass sie nichts mehr wiederfinden oder viel Zeit dafür benötigen. Im schlimmsten Fall bremst Datenchaos das Betriebssystem aus. Darum ist es wichtig, von Anfang an sinnvolle Ordnungsprinzipien einzuüben. Dateien lassen sich sinnvollerweise nach Themen, Fächern, Projekten oder auch nach Dateitypen (Musik, Filme) sortieren. Zusammengehörige Daten lassen sich in Ordner und Unterordner gruppieren. Wichtig ist eine logische, selbsterklärende Struktur, damit die Dateien auch nach längerer Zeit problemlos wieder aufgefunden werden können.

Kompetenzerwartungen: Die Schüler/-innen …
- erkennen den Sinn einer übersichtlichen Datenverwaltung,
- lernen die Bedeutung einer aussagekräftigen Benennung von Dateien kennen und
- überlegen sich eigene Strategien zur Speicherung ihrer Dateien.

Seite 12

Anregungen für den Einsatz im Unterricht

Der kurze Dialog wird gemeinsam im Plenum gelesen. Wenn möglich, zeigt die Lehrkraft einen USB-Stick und erklärt die Anwendung (oben rechts). Dabei geht sie auch auf die Speicherliste von Cems Stick ein. Diese ist oben rechts abgedruckt.
Im Anschluss bearbeiten die Schüler/-innen Aufgabe 10 in Einzelarbeit. Die Auswertung erfolgt im Plenum.
Bevor die Schüler/-innen Aufgabe 11 bearbeiten, sollte die Lehrkraft mindestens eine Datei bereits im Unterrichtsgespräch zuordnen. Die Auswertung erfolgt im Plenum an der Tafel oder mit Folie.

Lösungshinweise

10 Falsch sind die Aussagen A und B, richtig ist Aussage C.

11 a) Privat: Selfie Antalya.jpg, Cem singt.wav, Cem.doc, Cro – Track 18.mp3
Bio: Bio Präsentation.pptx, Frosch_Schulteich.mp3, Geräusche_Schulteich.mp3
Englisch: Hausi Englisch.pdf

<u>Hinweis</u>: Die Einordnung der Datei Cem.doc in den Ordner „Privat" könnte hinterfragt werden: Was genau ist denn darin gespeichert? Der Dateiname sagt wenig aus.

b) Neu.pdf, MVI2541.avi, Lebenslauf.doc, Text1.pdf

c) Der Dateiname verrät nichts über den Inhalt.
<u>Hinweis</u> zu den Dateiendungen:

jpg:	Bilddatei	wav, mp3:	Audiodateien
avi:	Videodatei	doc:	Word-Datei (Textverarbeitung)
pptx:	PowerPoint-Datei (Präsentationsprogramm)	pdf:	universelles Dateiformat für Text- und Bilddokumente

<u>Hinweis</u> zum Einsortieren: Cem sollte für seine Präsentationen und Hausaufgaben noch treffendere Dateinamen finden. Er könnte weiter nach Datum und/oder Themen sortieren. Des Weiteren könnte er die Verzeichnisstruktur noch weiter unterteilen, den Ordner „Privat" z. B. nach „Fotos", „Musik" etc.

Differenzierungsvorschläge

 a) – c) In schwächeren Klassen wird die Aufgabe gemeinsam im Plenum bearbeitet.

| Vergleich von Geräten | Grundlagen der Medienbildung | 1 |

Vergleich von Geräten

Um zielgerichtet arbeiten zu können, ist es schon im ersten Arbeitsschritt wichtig, auch das passende Gerät für die zu bewältigende Aufgabe auszuwählen. Nicht alle Geräte eignen sich gleichermaßen für alle Aufgaben.
Dies sollen die Kinder und Jugendlichen auf dieser Seite lernen, indem sie die Einsatzmöglichkeiten von PC und Tablet vergleichen und in einer fiktiven Beratungssituation den Einsatz eines der Geräte empfehlen.

Kompetenzerwartungen: Die Schüler/-innen …
- können das am besten geeignete Arbeitsgerät für eine bestimmte Aufgabe auswählen,
- können ihre Auswahl sachlich begründen.

Seite 12

Anregungen für den Einsatz im Unterricht

Soweit möglich bringt die Lehrkraft verschiedene Geräte/Medien mit *(Tablet, Smartphone, Laptop, E-Book Reader, Video-/Fotokamera, ein Buch)*. Die Lehrkraft stellt Situationen/Aktivitäten vor, in denen sie die Geräte/Medien nutzt. Des Weiteren stellt sie Situationen/Aktivitäten vor, in denen die Geräte/Medien nicht genutzt werden können/sollten. Alternativ können sich Schüler/-innen selbst Szenen ausdenken und im Plenum kurz vorspielen.
Oder die Lehrkraft beschreibt Situationen *(z. B. Lesen am Strand, längere Texte schreiben …)* und die Schüler/-innen entscheiden, welche Geräte jeweils geeignet sind.

Hinweis: Bei Aufgabe 13 handelt es sich um eine Reorganisations- und Anwendungsaufgabe. Die Schüler/-innen sollen ihr in Aufgabe 12 erworbenes Wissen nutzen, um jemanden zu beraten, der sich nicht auskennt. Dabei ist es wichtig, dass die Schüler/-innen überlegen, für welche Aktivitäten die Person das Gerät nutzen will.

Die Aufgaben können sowohl in Einzel- als auch in Partnerarbeit gelöst werden.

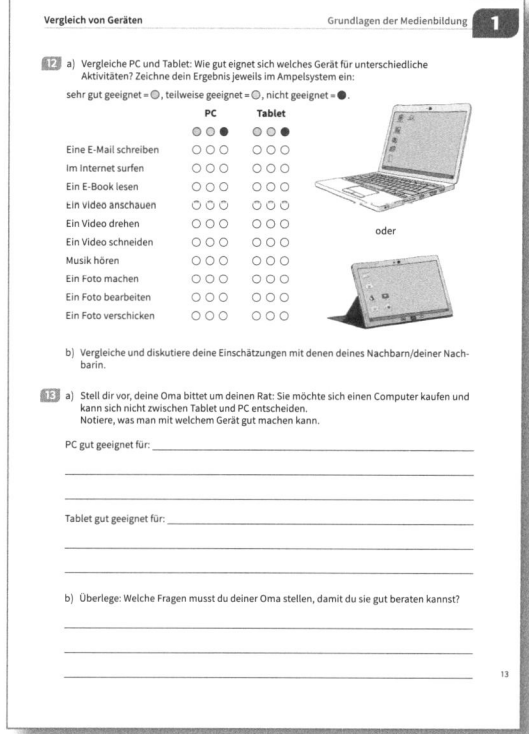

Lösungshinweise

12 a) Individuelle Antworten, abhängig von den subjektiven Erfahrungen mit einem PC und/oder einem Tablet. Alle Aktivitäten sind mit beiden Geräteklassen durchführbar, bei den multimedialen Aktivitäten ist das Tablet dem PC tendenziell überlegen, da es mehrere Funktionen *(z. B. ein Foto aufnehmen, bearbeiten und verschicken)* oft in einer einzigen App vereint. Für Fotoaufnahmen und für das Erstellen von Videos ist ein PC eher nicht geeignet.

b) Individuelle Antworten. Die Eignung hängt von der Anwendungssituation ab: Fotos/Videos lassen sich z. B. mit einem Tablet realisieren. Komplexere Aufgaben *(Videoschnitt)* lassen sich mit dem PC einfacher lösen.

13 a) Der PC ist gut geeignet für das Surfen im Internet, das Verfassen von E-Mails, die Bearbeitung von Fotos und Videos. Das Tablet eignet sich z. B. für das Aufnehmen von Fotos und Videos, für das Verfassen von E-Mails und das Versenden von Fotos.

b) Individuelle Antworten, abhängig von der Anwendungssituation. Die möglichen Nutzungsszenarien müssen zunächst erfragt werden: Wofür wird das Gerät eingesetzt? Wo soll das Gerät eingesetzt werden *(unterwegs, auf dem Sofa, am Schreibtisch?)* Fällt der Nutzerin die Bedienung mit den Fingern *(Touchscreen)* oder über Maus und Tastatur leichter?

Weiterführende Aufgabe

Die Schüler/-innen üben das Beratungsgespräch in Kleingruppen als Rollenspiel ein und spielen es dann im Plenum vor.

2 Digitale Kommunikation

Digitale Kommunikation

Kommunikationswege

Kommunikationsmedien sind im Internetzeitalter allgegenwärtig, die Kommunikationswege und -möglichkeiten haben in den vergangenen Jahren rapide zugenommen. Schon Kinder nutzen z. B. Messenger, E-Mail, Telefon und Fax oder schreiben ganz konventionell Briefe.
Auf diesen Seiten erschließen die Schüler/-innen verbreitete Kommunikationswege und lernen die Vor- und Nachteile der einzelnen Kommunikationsformen kennen.

Kompetenzerwartungen: Die Schüler/-innen ...
- lernen verschiedene Arten der Kommunikation kennen,
- erkennen den Adressatenbezug der Kommunikation,
- können zwischen direkter und indirekter, synchroner und asynchroner sowie individueller Kommunikation und Massenkommunikation unterscheiden,
- kennen wichtige Regeln zur Kommunikation im Netz und können sich angemessen verhalten,
- können E-Mail und Chat in ihren Grundfunktionen anwenden,
- können einen digitalen Kommunikationsweg (E-Mail) zur Kooperation und zum Austausch innerhalb von Projekten nutzen.

Seite 14

Anregungen für den Einsatz im Unterricht

Auf der Einstiegsseite sind unterschiedliche Alltagssituationen abgebildet, in denen verschiedene Kommunikationsformen zum Einsatz kommen. Sie kann als Einstieg ins Kapitel genutzt werden, um über die Möglichkeiten von Kommunikation nachzudenken:

- Es gibt viele verschiedene Arten, miteinander zu kommunizieren.
- Neben dem Gespräch, der unmittelbaren Form der Kommunikation, gibt es auch eine Vielzahl von mediengestützten Kommunikationsformen.
- Heutzutage ist es möglich, auch weite Entfernungen problemlos zu überbrücken: Man kann kostengünstig und mit geringem technischen Aufwand rund um die Welt kommunizieren.

Differenzierungsvorschläge

 ↑ Darüber hinaus lässt sich mit lernstarken Gruppen auch vertiefend in das Thema einsteigen. Folgende Aspekte können anhand der Abbildung zusätzlich erarbeitet werden:
- Kommunikation findet zwischen (mindestens) einem Sender und einem Empfänger statt.
- Mit wem wir in welcher Situation kommunizieren, bestimmt die Wahl der Mittel/Technik und die Form der Kommunikation.
- Weitere Möglichkeiten, Kommunikation zu beschreiben:
  - öffentlich ↔ privat (Busfahrplan, Brief),
  - schriftlich ↔ mündlich (Brief, Gespräch),
  - zeitgleich ↔ zeitversetzt (Gespräch, Brief),
  - einseitig ↔ wechselseitig (Busfahrplan, Videochat),
  - persönlich ↔ unpersönlich (Gespräch, Busfahrplan).

Weiterführende Aufgabe

Ergänzend kann die Lehrkraft verschiedene Kommunikationsmittel (Brief, Mobiltelefon, Fahrplan) mit in den Unterricht bringen und anhand der Realien mit den Schüler/-innen erarbeiten, in welchem Maße der moderne Alltag von Kommunikation bestimmt wird.

| Kommunikationswege | Digitale Kommunikation | 2 |

Seite 15

Anregungen für den Einsatz im Unterricht

Die Schüler/-innen bearbeiten die Aufgaben 1 a) und b) in Einzel- bzw. Partnerarbeit. Die Auswertung erfolgt im Plenum.

Lösungshinweise

  zu Bild **4**: Herr Beck **telefoniert** mit Oma Beck und erzählt ihr, dass Leni und Luca morgen mit ihrer Klasse in der Schule übernachten. Frau Beck **liest** eine **E-Mail,** in der der Lehrer von Leni und Luca noch einmal die wichtigsten Informationen zur Übernachtung mitteilt.
zu Bild **1**: Deniz und Luca **sprechen** darüber, ob sie ein Handy zur Schulhausübernachtung mitnehmen dürfen oder nicht. Der Briefträger wirft einen **Brief** von Lucas Patenonkel ein.
zu Bild **5**: Sina und Leni haben den Bus in die Stadt verpasst. Sina liest den **Fahrplan,** um die Abfahrtszeit des nächsten Busses herauszufinden. Leni schaut sich eine **Werbung** für ein Getränk an.
zu Bild **2**: Cem **skypt** mit seiner Cousine in der Türkei. Er **erzählt** ihr von Vessi, von der er glaubt, dass sie in ihn verliebt ist.
zu Bild **3**: Vessi **chattet** mit Cem. Sie schreibt ihm, dass sie sich darauf freut, abends mit ihm ins Kino zu gehen.

Seite 16

Anregungen für den Einsatz im Unterricht

Auf Seite 16–23 geht es um „Kommunikation" im schulischen Kontext. Die Lehrkraft stellt zu Beginn die Rahmenhandlung vor: Die Klasse 5b plant eine Schulhausübernachtung, auf die sich alle Schüler/-innen freuen. Ben, ein Freund von Deniz und Luca, wird kurzfristig krank und muss daher zu Hause das Bett hüten.

Im Anschluss daran bearbeiten die Schüler/-innen die Aufgabe 2 in Partnerarbeit. Die Auswertung erfolgt im Plenum oder alternativ spielerisch im Format der Sendung „1, 2 oder 3". Dazu schreibt die Lehrkraft die Buchstaben a (links), b (mittig) und c (rechts) groß auf die Tafel. Auf ein Signal hin stellen sich die Kinder entsprechend ihrer eigenen Lösung zu den Buchstaben.

Lösungshinweise

  Entscheidungen mit möglichen Begründungen:
Situation A:
a Nein. Der Brief kommt erst am nächsten Tag an. Das würde zu lange dauern.
b Nein. Die Nachricht käme zwar schnell beim Empfänger an, aber der kranke Ben sollte kein Fahrrad fahren.
c Ja. So kann Ben im Bett bleiben und Luca dennoch schnell informieren.

2 Digitale Kommunikation — Kommunikationswege

Situation B:
a Nein. Der Lehrer erhält die Nachricht zwar sofort, liest sie aber ggf. erst später. Darüber hinaus ist eine Chatnachricht in der Regel keine angemessene Form, um mit Lehrern zu kommunizieren.
b Nein. So ist Ben zwar „ordentlich" entschuldigt. Allerdings ist die Nachricht recht lange unterwegs.
c Ja. So ist der Lehrer schnell informiert.

Alternativ kann die Aufgabe 2 in Form von Gruppendiskussionen an Stationen durchgeführt werden. Dafür schreibt die Lehrkraft jeweils eine der sechs Situationen auf ein Blatt (z. B.: „Ben will Luca informieren und schreibt einen Brief." – Situation A, Lösungsvorschlag a). Die Schüler/-innen verteilen sich auf die sechs Stationen und diskutieren den ihnen jeweils vorliegenden Lösungsvorschlag. Auf ein Signal der Lehrkraft hin werden die Stationen im Uhrzeigersinn gewechselt. Im Anschluss daran werden die Lösungen im Plenum besprochen und die Antworten im Heft eingetragen.

Seite 17

Anregungen für den Einsatz im Unterricht

Da die meisten Schüler/-innen bevorzugt Messenger-Dienste nutzen, ist nicht unbedingt davon auszugehen, dass sie auch mit dem Verfassen und Versenden von E-Mails vertraut sind. Es bietet sich daher an, zunächst im Plenum zu erfragen, wer schon einmal eine E-Mail geschrieben bzw. empfangen hat.

Im Anschluss daran werden gemeinsam folgende Fragen besprochen:
- Wer versendet heutzutage E-Mails? (z. B. Eltern, Vereine, Lehrer …)
- Worin unterscheiden sich E-Mails von Chatnachrichten? (E-Mails sind formeller, oft länger, meist im Ton verbindlicher …)
- Was benötigt man, um eine E-Mail zu senden oder zu empfangen? (ein E-Mail-Konto, einen Internetzugang, die E-Mail-Adresse des Empfängers, eventuell auch ein E-Mail-Programm …)

Abschließend bearbeiten die Schüler/-innen die Aufgabe 3 in Einzelarbeit.

↑ Schnellere Schüler/-innen können ihre Ergebnisse bereits vorab vergleichen. Die Auswertung folgt im Anschluss im Plenum.

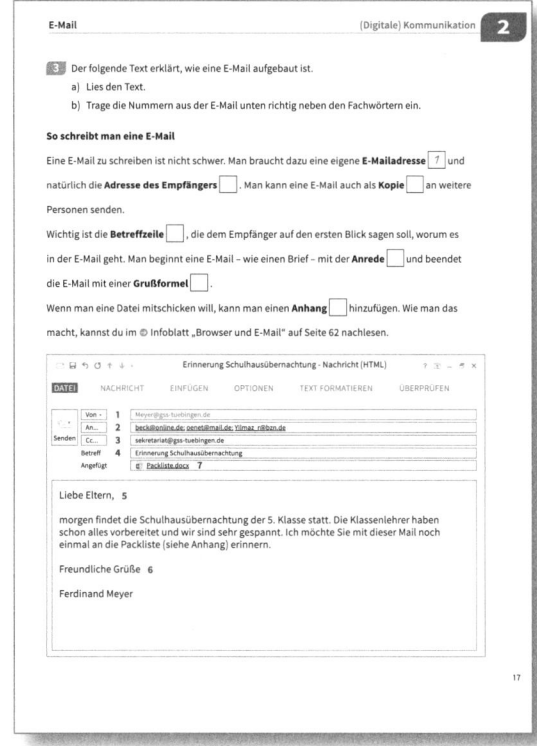

Lösungshinweise

3 Eine E-Mail zu schreiben ist nicht schwer. Man braucht dazu eine eigene **E-Mailadresse (1)** und natürlich die **Adresse des Empfängers (2)**. Man kann eine E-Mail auch als **Kopie (3)** an weitere Personen senden. Wichtig ist die **Betreffzeile (4),** die dem Empfänger auf den ersten Blick sagen soll, worum es in der E-Mail geht. Man beginnt eine E-Mail – wie einen Brief – mit der **Anrede (5)** und beendet die E-Mail mit einer **Grußformel (6)**.
Wenn man eine Datei mitschicken will, kann man einen **Anhang (7)** hinzufügen. Wie man das macht, kannst du im Infoblatt „Browser und E-Mail" auf S. 62 nachlesen.

Differenzierungsvorschläge

3 ↓ Bei eher lernschwachen Klassen oder Gruppen ohne Vorkenntnisse kann der Text „So schreibt man eine E-Mail" auch gemeinsam im Plenum gelesen werden. Dies eröffnet die Möglichkeit, den Kindern unverständliche Begriffe gleich zu erläutern.

Kommunikationswege — Digitale Kommunikation 2

Seite 18

Anregungen für den Einsatz im Unterricht

Eine Schwierigkeit bei der schriftlichen Kommunikation ist das Fehlen der para- und nonverbalen Aspekte wie Stimmlage, Betonung, Gestik oder Mimik. Dadurch kann es viel leichter als bei der direkten Kommunikation zu Missverständnissen zwischen Sender und Empfänger kommen. Daher sollten die Schüler/-innen für mögliche Schwierigkeiten bei dieser Form des Austausches sensibilisiert werden.

Zum Einstieg spricht die Lehrkraft den Satz „Toll gemacht!" in unterschiedlichen Stimmlagen und mit unterschiedlicher Gestik und Mimik aus. Die Schüler/-innen sollen im Anschluss ihre Vermutungen äußern, wie die Sätze genau zu verstehen sind, z. B.:
1. positiv → Lob
2. abwertend/ironisch → Kritik

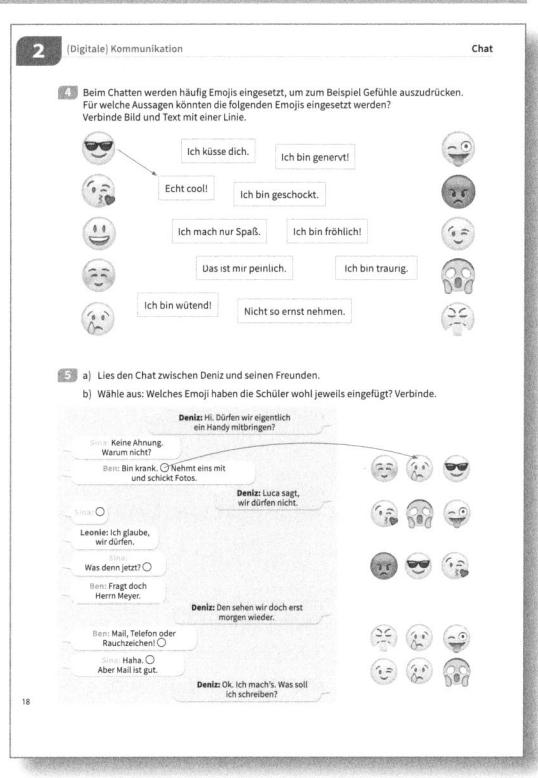

Nachdem gemeinsam erarbeitet wurde, dass bei dem Eingangsbeispiel nicht die verbale, sondern vor allem die nonverbale Ebene für die Entschlüsselung der Botschaft des Sprechers von Bedeutung ist, leitet die Lehrkraft zur schriftlichen Kommunikation über. Die Schüler/-innen sollen überlegen, wie sich Gefühle auf nicht sprachliche Weise in Chatnachrichten transportieren lassen, z. B. durch Icons oder Zeichenkombinationen. Dazu schreibt die Lehrkraft den Satz zweimal an die Tafel und fragt die Klasse, wie sich die Sätze ergänzen lassen, damit die unterschiedlichen Bedeutungen transportiert werden können. Eine mögliche Lösung wäre beispielsweise das Hinzufügen eines lachenden bzw. wütenden Emojis (Smileys).

In der folgenden Erarbeitungsphase lösen die Schüler/-innen Aufgabe 4 in Einzelarbeit, vergleichen ihre Antworten dann mit einem Partner und im Anschluss ggf. im Plenum.

In Aufgabe 5 können die Schüler/-innen ihr Wissen noch einmal vertiefen. Die Aufgabe kann entweder in Einzel- oder in Partnerarbeit gelöst werden. Bei der Auswertung im Plenum können Schwierigkeiten bei der Zuordnung angesprochen werden.

Alternativ kann der Dialog (ggf. auch mehrmals) gemeinsam in verteilten Rollen gelesen werden. Die Schüler/-innen erhalten dabei die Aufgabe, statt der Emojis eine passende sprachliche Äußerung in den Dialog einzuflechten, z. B. Ben: „Bin krank. Schade/Seufz …".

Lösungshinweise

4 Die Zuordnung kann durchaus auf unterschiedliche Weise erfolgen. Studien haben gezeigt, dass Emojis i.d.R. nicht von allen Nutzern/Betrachtern auf dieselbe Weise interpretiert werden. Dieses Phänomen sollte mit den Schüler/-innen besprochen werden: In heiklen Situationen können fehlinterpretierte Emojis die Kommunikation deutlich erschweren.

5 1 + Emoji 2, 2 + Emoji 2, 3 + Emoji 1, 4 + Emoji 3, 5 + Emoji 1

Differenzierungsvorschläge

6 ↓ Die Aufgabe wird gemeinsam im Plenum gelöst. Die Lehrkraft spricht oder spielt die Sätze einzeln vor. Nach jedem Satz wird gemeinsam das passende Emoji ausgesucht.

7 ↑ Die Schüler/-innen schreiben im Anschluss an die Aufgabe ein eigenes Chatgespräch mit Emojis. Mögliche Themen sind z. B. ein Fußballspiel, die letzte Klassenarbeit, ein Film oder Buch …

2 Digitale Kommunikation — Kommunikationswege

Seite 19

Anregungen für den Einsatz im Unterricht

Auf dieser Seite lernen die Schüler/-innen den Aufbau einer E-Mail kennen. Bei Aufgabe 6 kann ihnen die Bedeutung einer passenden Betreffzeile erläutert werden. Ist diese wenig aussagekräftig oder belanglos, kann die Mail schnell im Spam-Ordner landen. Anrede und Grußformel drücken den Respekt des Absenders für den Empfänger aus; daher sollten beide Formeln mit Bedacht gewählt werden und weder zu formell noch zu locker wirken.

Aufgabe 6 sowie die Aufgaben 7 a) und b) können sowohl in Einzel- als auch in Partnerarbeit gelöst werden. Bei Aufgabe 7 c) bietet sich die Erarbeitung in Kleingruppen oder auch im Plenum an.

Sofern möglich, sollten die Schüler/-innen die E-Mail elektronisch verfassen und auch tatsächlich an den Lehrer versenden. Alternativ können sie sich die E-Mails gegenseitig schicken und eine Rückmeldung in einer Antwortmail geben.

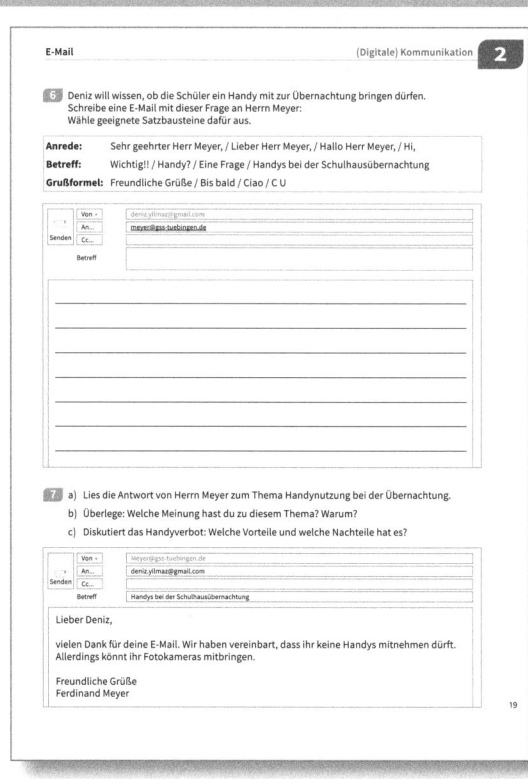

Lösungshinweise

6 Betr.: Handys bei der Schulhausübernachtung

Lieber Herr Meyer,

wir möchten gern wissen, ob wir unsere Handys mit zur Übernachtung bringen können. Ben ist krank und würde sich über ein paar Fotos freuen.

Mit freundlichen Grüßen
Deniz

7 a) – c) Individuelle Lösungen. Das Handyverbot hat verschiedene Konsequenzen, die unterschiedlich bewertet werden können. An dieser Stelle kann die Lehrkraft auch die Regeln thematisieren, die an der eigenen Schule für die Handynutzung gelten.
<u>Vorteile:</u> Niemand wird durch Handys abgelenkt, zum Beispiel durch Anrufe oder Handyspiele. / Es können keine Handys gestohlen werden oder verloren gehen. / Es müssen keine Regeln für die Handynutzung ausgehandelt bzw. festgelegt werden.
<u>Nachteile:</u> Die Schüler/-innen sind für ihre Eltern und Freunde nicht zu erreichen. / Niemand kann Fotos oder Videos aufnehmen.

Differenzierungsvorschläge

6 ↓ Die E-Mail wird in zwei Schritten verfasst: Zunächst wird die Wahl der Satzbausteine besprochen, im Anschluss daran wird gemeinsam überlegt, welche Informationen in der E-Mail stehen sollten. Erst dann verfassen die Schüler/-innen den Text.

7 ↑ Die Handynutzung an der Schule wird mit Lehrern, Eltern und Schülern in Form eines Rollenspiels diskutiert werden.

Privatsphäre | Digitale Kommunikation | 2

Privatsphäre

Die weit verbreiteten und auch schon für Kinder leicht zugänglichen Möglichkeiten der öffentlichen Kommunikation erfordern mehr denn je Maßnahmen zum Schutz der Privatsphäre. Insbesondere Jugendliche haben häufig das Bedürfnis, sich (auch) digital zu präsentieren, dabei sind sie sich – im Idealfall – der mit der Sichtbarkeit im Internet verbundenen Nachteile bewusst. Da ihr Umgang mit eigenen und fremden Daten zunächst jedoch oft noch sehr unbekümmert ist, sollten sie schon möglichst früh für die sparsame und verantwortungsvolle Verwendung privater Daten sensibilisiert werden und die möglichen negativen Folgen einer unsachgemäßen Weitergabe kennen.

Kinder und Jugendliche, die auch in der analogen Welt selten völlig private Räume kennen, definieren den Umgang mit Öffentlichkeit und Privatheit oft anders als Erwachsene. Daraus lässt sich aber nicht ableiten, dass den Heranwachsenden der Schutz der eigenen Privatsphäre nicht wichtig wäre. Über die Frage, welche persönlichen Informationen sie selbst für schützenswert erachten, weil sie nicht für die Öffentlichkeit (Freunde, Schule, Internet) bestimmt sind, kann man mit den Heranwachsenden auch im Unterricht schnell ins Gespräch kommen. Anhand von Vessis Videobeitrag und der Geschichte von Deniz und Ben bei der Schulhausübernachtung kann die Problematik altersgerecht veranschaulicht werden.

Kompetenzerwartungen: Die Schüler/-innen …
- können Vor- und Nachteile verschiedener Kommunikationswege benennen,
- können zwischen privaten und öffentlichen Daten unterscheiden,
- können Übertretungen rechtlicher und moralischer Grenzen in der digitalen Welt erkennen und daraus Regeln für das eigene soziale Verhalten ableiten,
- können Verhaltensregeln im Umgang mit Medien benennen und einhalten.

Seite 20

Anregungen für den Einsatz im Unterricht

Bevor die Schüler/-innen den Comic in Einzelarbeit oder gemeinsam im Plenum lesen, tauschen sie sich zunächst mit einem/einer Lernpartner/-in über peinliche Situationen aus, die sie schon einmal erlebt haben. Freiwillige können ihre Erlebnisse im Plenum vorstellen. Im Anschluss sollen die Schüler/-innen darüber nachdenken, wie es wäre, wenn es von diesen Situationen Videos bzw. Bilder gäbe. Sie sollen möglichst genau beschreiben, wie sie sich dabei fühlen würden.

Seite 21

Anregungen für den Einsatz im Unterricht

Die Schüler/-innen bearbeiten die Aufgabe 8 in Einzelarbeit. Wenn sie ihre Kommentare (zusätzlich) auf Moderationskärtchen schreiben, können diese im Klassenzimmer unter die jeweiligen Kommentare gehängt werden, um so die Struktur eines Blogs nachzubilden. Die Klasse kann sich dann im Anschluss über die einzelnen Beiträge informieren und besonders gelungene Kommentare (z. B. durch Klebepunkte) kennzeichnen („Gallery Walk").

2 Digitale Kommunikation — Privatsphäre

Lösungshinweise

 Mögliche Antworten sind z. B.:
(zu Cem:) Ich finde die Bilder auch nicht schlimm. Aber ich kann verstehen, dass sie dir heute ein wenig peinlich sind.
(zu Daggi:) Ich fände es peinlich, wenn es Fotos gäbe, auf denen ich vor Heimweh weine. Oder Fotos, auf denen ich im Schlafanzug zu sehen bin.
(zu Sami:) Das würde klappen, wenn sich jeder daran hält. Wenn aber nur einer (irgendwann) die Fotos weitergibt oder ins Internet stellt, ist eine Verbreitung nicht mehr zu verhindern.

Weiterführende Aufgabe

Ein Schreibgespräch: Jedes Kind bekommt ein leeres Blatt. Die Schüler/-innen arbeiten in Dreiergruppen zusammen. In Phase 1 antwortet Schüler A auf Cems Kommentar, Schüler B auf Daggis und Schüler C auf Samis Äußerung. In Phase 2 werden die Blätter im Uhrzeigersinn weitergegeben. Nun antworten die Schüler/-innen sowohl auf den ursprünglichen Kommentar als auch auf den Kommentar des Mitschülers. In Phase 3 wird das Blatt erneut weitergereicht und ein weiterer Kommentar verfasst. Zum Abschluss bekommt jeder sein ursprüngliches Blatt zurück; die Kommentare werden in der Gruppe besprochen. Während des Schreibgesprächs sollten die Schüler/-innen nicht miteinander sprechen, sondern ausschließlich schreiben.

Seite 22

Anregungen für den Einsatz im Unterricht

Die Schüler/-innen können Aufgabe 9 entweder schriftlich in Einzelarbeit oder mündlich in Partnerarbeit lösen. Im Anschluss werden dann entweder einzelne Texte vorgelesen oder die Geschichten von den Tandems gemeinsam erzählt.

Lösungshinweise

 Mögliche Geschichte zu den Bildern:
Als Deniz von seiner Mutter zur Schule gebracht wurde, hat jemand Deniz heimlich fotografiert, als dieser gerade einen Kuss von seiner Mutter bekommen hat. Dieses Foto wurde dann mit einer E-Mail an Ben gesendet. Vermutlich hat Ben dieses Bild dann über einen Nachrichtendienst an die Klassen 5 a, 5 b und 5 c der Schule geschickt. Einer der Empfänger hat das Bild von Deniz und seiner Mutter ausgedruckt und an die Tafel im Klassenzimmer gehängt. Dort hat es dann der Lehrer entdeckt. Dieser war sehr verärgert, die Klasse hingegen war amüsiert. Danach hat Deniz Ben zur Rede gestellt und ihm das Foto und die Handybilder gezeigt. Ben war daraufhin ein wenig zerknirscht.

Differenzierungsvorschläge

9 ↓ Die Lehrkraft stellt folgende Satzbausteine an der Tafel oder als Handout zur Verfügung:
Als Deniz von seiner Mutter zur Schule gebracht wurde, … Dieses Foto wurde dann … Vermutlich hat Ben dieses Bild dann … Einer der Empfänger hat das Bild von Deniz und seiner Mutter …. Dort hat es dann der Lehrer entdeckt … Danach hat Deniz Ben zur Rede gestellt und …

9 ↑ Haben die Schüler/-innen die Aufgabe schriftlich erledigt, kann der Auswertung im Plenum ein Austausch der Texte zwischen schnelleren Schüler/-innen vorgeschaltet werden. Diese sollen die Texte Korrektur lesen und Verbesserungsvorschläge notieren – welche dann von den Verfassern umgesetzt werden sollten.

Privatsphäre — Digitale Kommunikation 2

Seite 23

Anregungen für den Einsatz im Unterricht

Aufgabe 10 stellt die Reflexion des Geschehens in den Vordergrund. Die Schüler/-innen sollen die Problematik der unerwünschten Verbreitung des Fotos erkennen und für die möglichen Folgen sensibilisiert werden. An dieser Stelle kann auch auf das Urheberrecht und die Persönlichkeitsrechte des Abgebildeten eingegangen werden.

Es bietet sich an, Aufgabe 10 a) in Einzel- oder Partnerarbeit zu lösen. Aufgabe 10 b) wird im Tandem bearbeitet. Zur Auswertung werden einzelne Streitgespräche im Plenum vorgespielt und besprochen.

Die Schüler/-innen bearbeiten Aufgabe 11 in Einzel- oder Partnerarbeit. Es ist sinnvoll, dass die Schüler/-innen noch den „Gruppenchat" als eine weitere Kommunikationsform ins Heft eintragen. Die Auswertung der Aufgabe erfolgt im Plenum.

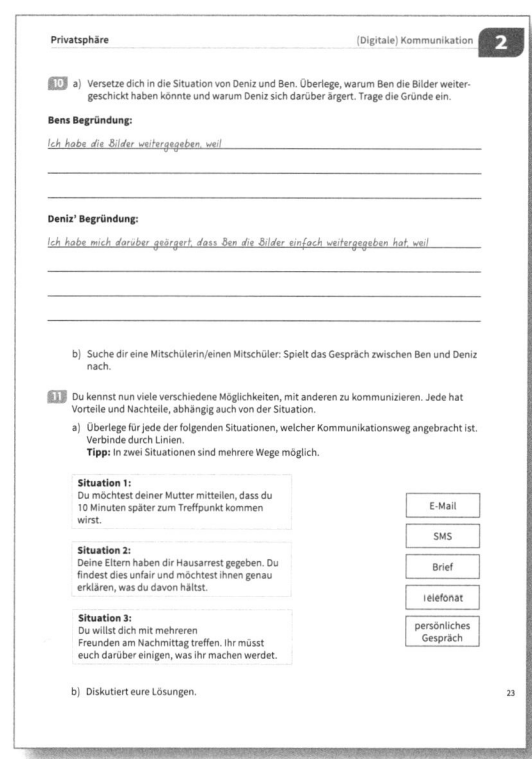

Lösungshinweise

10 Mögliche Antworten sind:
Bens Begründung: Ich habe die Bilder weitergegeben, weil ich Langeweile hatte und weil ich mich über das Bild von Deniz amüsiert habe. Ich habe mir gedacht, dass die anderen Schüler/-innen auch ihren Spaß an dem Bild haben. Ich habe nicht darüber nachgedacht, welche Folgen das für Deniz hat.
Deniz' Begründung: Ich habe mich darüber geärgert, dass Ben die Bilder einfach weitergegeben hat, weil ich gar nicht bemerkt habe, dass ich fotografiert wurde. Das Bild ist mir peinlich. Ich will nicht, dass mich jemand so mit meiner Mutter sieht. Ben hätte mich zumindest fragen können, ob ich mit der Weitergabe einverstanden bin.

11 a) + b)
Situation 1: SMS oder Telefonat
Situation 2: persönliches Gespräch, eventuell Brief oder E-Mail
Situation 3: persönliches Gespräch, SMS, Gruppenchat, eventuell Telefonat

Differenzierungsvorschläge

11 ↑ Schnellere Schüler/-innen denken sich weitere Situationen aus, die sie der Klasse zur Lösung vorlegen.

3 Recherchieren

Recherchieren

Medien

Die digitale Informationsrecherche gehört inzwischen in allen Lebensbereichen zum Alltag: „Wissen" ist in den Industrieländern der Rohstoff des 21. Jahrhunderts. Doch obwohl das Recherchieren heute so leicht und umfangreich wie nie zuvor möglich ist, begnügen sich viele Menschen bei der Informationsbeschaffung meist mit einer ersten Suchanfrage bei Google. Damit ist das Potenzial der digitalen Wissensbibliothek aber keinesfalls ausgeschöpft.

Dieses Kapitel soll die Schüler/-innen anleiten, unterschiedliche digitale Informationsquellen altersgemäß und sachgerecht zu nutzen. Sie lernen, Informationen nach ihren Interessen und Bedürfnissen auszuwählen und deren Qualität kritisch zu hinterfragen. Daneben sollen die Möglichkeiten und Vorteile der „analogen" Recherche jedoch nicht vergessen werden.

Nach der Bearbeitung von Kapitel 3 sollten die Schüler/-innen in der Lage sein, eine Recherche zu einem eigenen Thema im Rahmen des Fachunterrichts durchzuführen.

Kompetenzerwartungen: Die Schüler/-innen …
- können einen (aktuellen) Internetbrowser und verschiedene Suchmaschinen zu Recherchezwecke nutzen,
- kennen unterschiedliche Suchstrategien,
- können die Qualität von Informationsquellen beschreiben und einschätzen,
- können Rechercheergebnisse weitgehend selbstständig auswählen und strukturieren.

Seite 24

Anregungen für den Einsatz im Unterricht

Die Einstiegsseite des Recherche-Kapitels zeigt eine Bibliothek mit verschiedenen Informationsquellen. Sie soll die Schüler/-innen dafür sensibilisieren, auf wie vielen unterschiedlichen Wegen sie sich Informationen erschließen können. Eine Bibliothek als Lernort wurde bewusst gewählt, um die Schüler/-innen darauf aufmerksam zu machen, dass diese neben dem Internet vielfältige Informationsquellen bereithält. Während jedoch der Blick ins Internet rund um die Uhr und an sehr vielen Orten unkompliziert möglich ist, ist der Gang in die Bibliothek, das Nachschlagen in Büchern und Fachzeitschriften oder das Befragen von Experten aufwändiger: Es führt aber möglicherweise auch zu fundierteren Ergebnissen. Gerade weil die richtige Einschätzung und Bewertung von Informationen nicht ganz einfach ist, ist es sinnvoll, ergänzend Sachbücher und Fachzeitschriften für die Recherche zu nutzen.

Überlegenswert ist auch ein Besuch einer Bibliothek vor Ort – einschließlich einer Recherche unter Einbeziehung der verschiedenen Informationsquellen.

Suchmaschinen — Recherchieren 3

Seite 25

Anregungen für den Einsatz im Unterricht

Die Schüler/-innen bearbeiten die Aufgaben 1 a) und b) in Einzelarbeit. Die anschließende Auswertung erfolgt im Plenum.

Aufgabe 2 kann wahlweise in Einzel- oder Partnerarbeit gelöst werden. Auch hier erfolgt die Auswertung im Plenum, ggf. unter Zuhilfenahme einer Folienkopie von Seite 24 des Schülerarbeitsheftes.

Die Aufgaben 3 a) – c) können ebenfalls in Einzel- oder Partnerarbeit gelöst werden. Für Aufgabe 3 c) bietet sich auch die Bearbeitung in Gruppen oder im Plenum an.

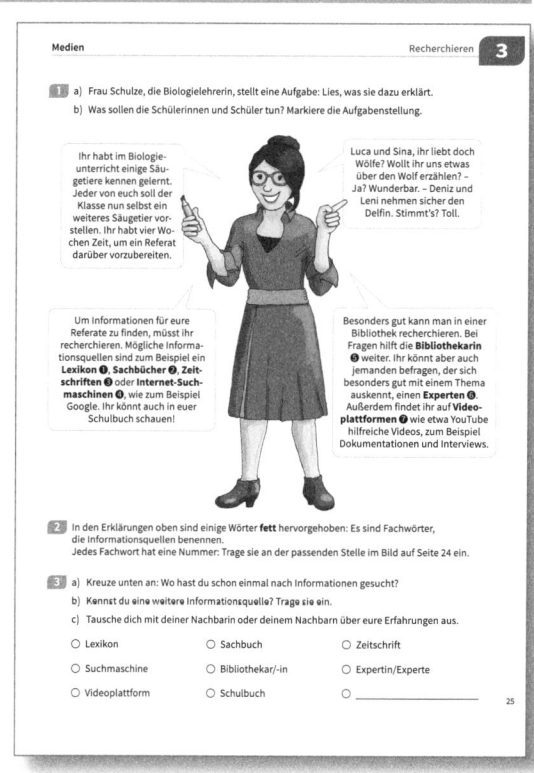

Lösungshinweise

1 b) Jede/r Schüler/-in soll der Klasse selbst ein Säugetier vorstellen. Um Informationen für die Referate zu finden, müssen die Schüler/-innen recherchieren.

2 Von links oben nach rechts unten im Bild sind die Ziffern wie folgt einzutragen: 2, 6, 1, 4, 7, 3, 5.

3 a) – c) Individuelle Lösungen.

Differenzierungsvorschläge

↑ Die Lehrkraft schreibt verschiedene Fragen an die Tafel, beispielsweise:
- Wie hoch ist die Zugspitze?
- Wie viele Einwohner hat Berlin?
- Ab welchem Alter sollten Kinder fernsehen dürfen?
- Wo spielt Rechtschreibung im außerschulischen Leben eine Rolle?

Die Schüler/-innen bekommen die Aufgabe, die Fragen möglichst exakt zu beantworten. Dies dürfte ihnen bei den ersten beiden Fragen kaum schwerfallen. Zu den Fragen 3 und 4 haben sie vermutlich unterschiedliche persönliche Meinungen, die sich aber nicht als richtig oder falsch einordnen lassen. Im Plenum diskutieren die Schüler/-innen, wie sie an die Informationen kommen können, die sie für die Beantwortung der Fragen benötigen.

Suchmaschinen

Fast jede Internetrecherche beginnt heute mit einer Suchmaschine. Dabei ist Google eine der am häufigsten besuchten Seiten und die mit Abstand beliebteste Suchmaschine weltweit (ca. 95% aller Suchanfragen). Da nicht selten auf eine darüber hinaus gehende Suche verzichtet wird, kann man Google als „Gatekeeper" des Informationszeitalters bezeichnen – was die Suchmaschine nicht findet, scheint es nicht zu geben.

Kompetenzerwartungen: Die Schüler/-innen …
- können zielführende Suchbegriffe für eine Internetrecherche auswählen,
- können verschiedene Suchmaschinen nutzen und
- erkennen den Mehrwert einer umfassenderen Recherche, die nicht auf einen einzelnen Suchbegriff bzw. eine einzige Suchmaschine beschränkt ist.

3 Recherchieren — Suchmaschinen

Seite 26 + 27

Anregungen für den Einsatz im Unterricht

Die Schüler/-innen bearbeiten die Aufgaben 1 bis 3 in Einzelarbeit. Die Auswertung kann – eventuell mittels Folie – im Plenum durchgeführt werden.
Die Aufgabe 4 kann in Einzel- oder auch in Partnerarbeit gelöst werden.

Lösungshinweise

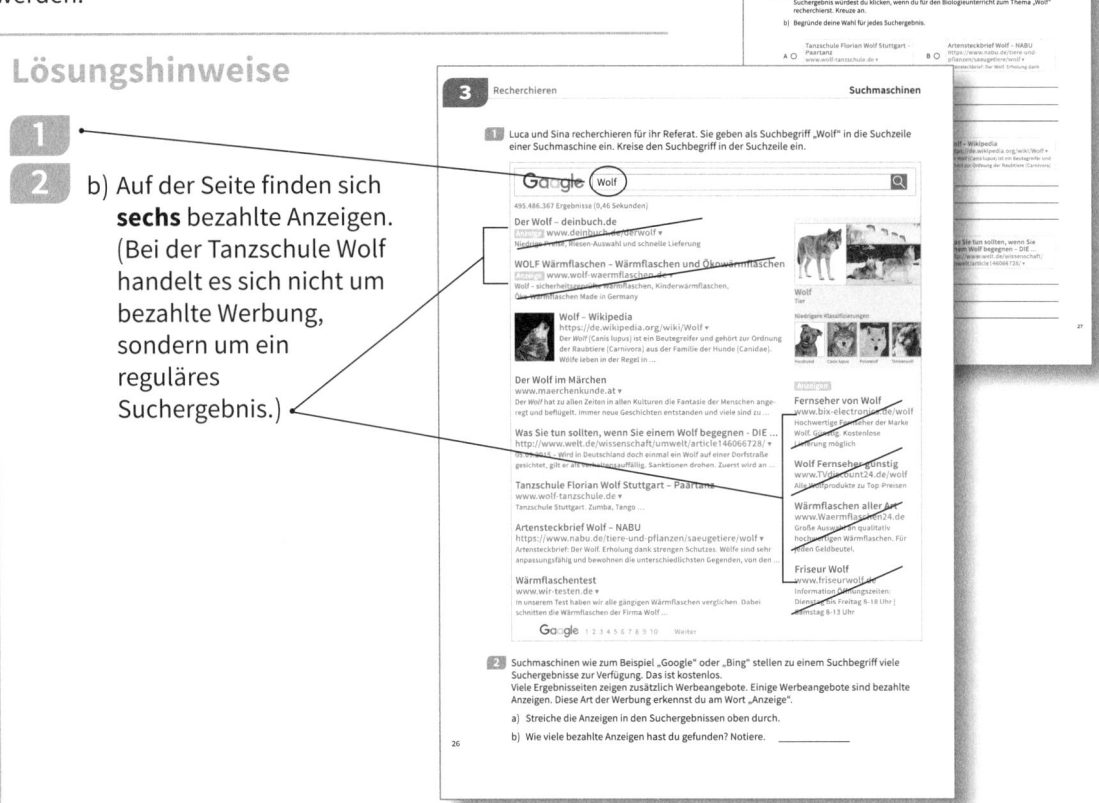

1

2 b) Auf der Seite finden sich **sechs** bezahlte Anzeigen. (Bei der Tanzschule Wolf handelt es sich nicht um bezahlte Werbung, sondern um ein reguläres Suchergebnis.)

3 a) 495 486 367 Ergebnisse. Wenn man alle diese Ergebnisse in der Größe, in der sie im Schülerbuch abgedruckt sind (Breite: ca. 10 cm), ausdrucken, ausschneiden und aneinanderkleben würde, könnte man sie locker einmal komplett um die Erde legen: Erdumfang: ca. 40 000 km, Suchergebnisse: fast 50 000 km)!

b) Die Symbole finden sich ganz unten am Seitenende: Es sind die Zahlen 1 bis 10 neben dem Suchmaschinenlogo sowie das Wort „weiter".

4 a) + b) **Suchergebnis B,** weil das erste Ergebnis auf eine Tanzschule verweist, deren Inhaber Florian Wolf heißt. Das Suchergebnis B führt zu einem Steckbrief des Wolfes.
Suchergebnis D, weil es sich beim ersten Treffer um eine Anzeige handelt, die für die Recherche nicht nützlich zu sein scheint. Treffer D hingegen verweist auf einen Lexikoneintrag.
Suchergebnis F, weil der Zeitungsartikel Informationen über das Verhalten des Wolfes enthalten könnte. Treffer E bezieht sich auf den Wolf im Märchen und passt nicht zum Biologieunterricht.

Differenzierungsvorschläge

4 ↓ Die Aufgabe wird im Plenum bearbeitet.

Suchmaschinen — Recherchieren 3

Seite 28

Anregungen für den Einsatz im Unterricht

Die Lehrkraft fragt die Schüler/-innen, welche Suchmaschinen sie bereits kennen. Aus der Grundschule können bereits Kindersuchmaschinen bekannt sein. In Partnerarbeit oder im Plenum tauschen sich die Schüler/-innen über ihre Erfahrungen mit Suchanfragen im Internet aus.

 Für die Bearbeitung von Aufgabe 5 benötigen die Schüler und Schülerinnen einen Computer oder ein Tablet. Sollte dies in der Schule nicht möglich sein, kann diese Aufgabe von den Schüler/-innen auch zu Hause gelöst werden. Bei der Auswertung im Plenum können ausgewählte Ergebnisseiten mit Hilfe eines Beamers an die Wand projiziert werden. Einzelne Schüler/-innen oder die Lehrkraft geben ihre Einschätzungen zu den Seiten ab und begründen diese.

Lösungshinweise

 Individuelle Lösungen.

Hinweis: Viele Kindersuchmaschinen enthalten viel Werbung und liefern nur wenige passende Ergebnisse. Darum sind Kindersuchmaschinen für eine gezielte Recherche in der Sekundarstufe oft nicht mehr zu empfehlen.

Differenzierungsvorschläge

 ↑ Schnellere Schüler/-innen können weitere vom Lehrer vorgegebene Begriffe bei verschiedenen Suchmaschinen eingeben, z. B. Vulkan, Berliner Fernsehturm, Kreidezeit, Friedrich Schiller …

Seite 29

Anregungen für den Einsatz im Unterricht

 Für die Bearbeitung von Aufgabe 6 werden Computer oder Tablets benötigt. Sollte dies in der Schule nicht möglich sein, kann diese Aufgabe von den Schüler/-innen zu Hause bearbeitet werden. Für die Bearbeitung in der Schule bieten sich Einzel- oder Partnerarbeit an.

Aufgabe 7 kann ebenfalls in Einzel- oder Partnerarbeit gelöst werden. Die Auswertung findet im Plenum statt.

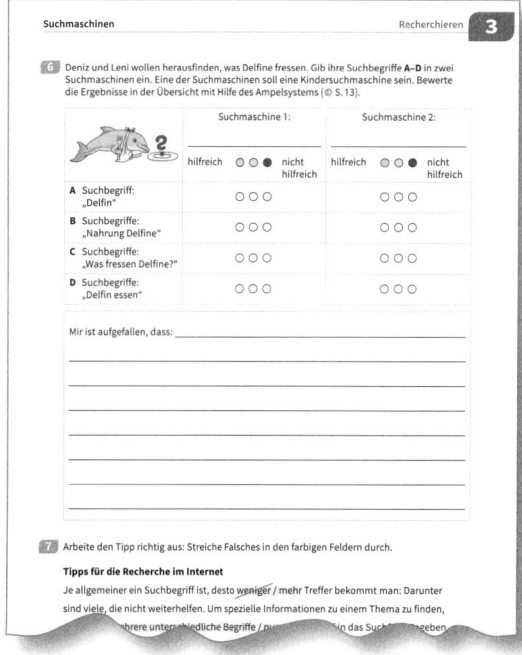

3 Recherchieren — Internetrecherche

Lösungshinweise

6 Individuelle Lösungen. Generell lässt sich sagen, dass Kindersuchmaschinen weniger Treffer liefern als „normale" Suchmaschinen und thematisch ähnliche Treffer anbieten, wenn zu dem Gesuchten nichts gefunden wird. Immer mehr Suchmaschinen verstehen ganze Fragen (in „Echtsprache"), sodass die Wahl der passenden Suchbegriffe und deren Verknüpfung immer mehr in den Hintergrund rückt.

7 ~~weniger~~/mehr – mehrere unterschiedliche Begriffe/~~nur einen Begriff~~ – ~~weniger~~/mehr – ~~besser~~/gar nicht – manchen/~~allen~~

Differenzierungsvorschläge

6 ↓ Die Lehrkraft stellt folgende Satzbausteine an der Tafel oder per Handout zur Verfügung:
- Die Seite … liefert gute/schlechte Ergebnisse, wenn man Fragen stellt.
- Die Seite … liefert mehr Antworten als die Seite …, wenn man nach einem Begriff sucht.
- Wenn ich einen Begriff eingebe, bekomme ich …

6 ↑ Schnellere Schüler/-innen können weitere Suchmaschinen oder weitere Begriffe ausprobieren.

Internetrecherche

Nachdem die Schüler/-innen den richtigen Umgang mit Suchmaschinen gelernt haben, sollen sie nun selbst eine zielgerichtete Recherche durchführen und einige Fragen zum Leben der Wölfe beantworten. Dabei lernen sie auch, richtig aus Internetquellen zu zitieren.

Kompetenzerwartungen: Die Schüler/-innen …
- können eine gezielte Internetrecherche durchführen,
- können Internetquellen angemessen zitieren.

Seite 30

Anregungen für den Einsatz im Unterricht

Aufgabe 1 kann nur mit Hilfe von Computern oder Tablets bearbeitet werden. Sollte dies in der Schule nicht möglich sein, sollte diese Aufgabe von den Schüler/-innen zu Hause bearbeitet werden. In der Schule bietet sich die Erarbeitung in Einzel- oder Partnerarbeit an.
Vor der Bearbeitung der Aufgabe gibt die Lehrkraft den Hinweis, dass man bei einer Internetrecherche immer die gefundenen Internetadressen und das Datum des (letzten) Aufrufs notieren muss, damit man Informationen auch später noch wiederfinden und belegen kann. Die Auswertung erfolgt zunächst in Kleingruppen. Die Schüler/-innen überprüfen, ob sie die gleichen Antworten zu den Fragen gefunden haben. Im Anschluss werden die Ergebnisse im Plenum besprochen.

Lösungshinweise

1 **Frage 1:** Wölfe leben heute noch in Europa, Asien, Nordamerika und vereinzelt im nördlichen Afrika. (Wikipedia, https://de.m.wikipedia.org/wiki/Wolf, 1.2.2016)

Informationsauswertung | Recherchieren | 3

Frage 2: In Deutschland leben im Jahr 2015 31 Rudel (4–12 Tiere) und 4 Wolfspaare, insgesamt rund 200 bis 300 Tiere. (NABU: https://www.nabu.de/tiere-und-pflanzen/saeugetiere/wolf/deutschland/, 1.2.2016)

Frage 3: Wölfe fressen vor allem Rehe, Rothirsche und Wildschweine. Diese Beutetiere machen (in Deutschland) rund 96% ihrer Nahrung aus. (NABU: https://www.nabu.de/tiere-und-pflanzen/saeugetiere/wolf/wissen/15572.html, 1.2.2016)

Differenzierungsvorschläge

 ↓ Die Lehrkraft recherchiert (am Beamer) die erste Frage „Wo leben Wölfe?" gemeinsam mit den Schüler/-innen.

 ↑ Schnellere Schüler/-innen suchen nach weiteren Informationsquellen und vergleichen die gefunden Antworten miteinander. Bei abweichenden Aussagen begründen sie ihre Einschätzung, welcher der Quellen sie am ehesten vertrauen. Dabei kann bereits auf das nachfolgende Teilkapitel bzw. den Comic auf Seite 31 verwiesen werden.

Informationsauswertung

Neben einer effizienten und zielführenden Suchstrategie ist auch die Auswertung der gefundenen Informationen eine wichtige Kompetenz, die immer wieder mit den Schüler/-innen eingeübt werden sollte. Die Seiten 31 bis 33 thematisieren den kritischen Umgang mit Internetquellen und sollen die Schüler/-innen ermuntern, verschiedene Informationsquellen zu nutzen, um die von ihnen im Internet gefundenen Angaben zu überprüfen.

Kompetenzerwartungen: Die Schüler/-innen …
- kennen die Vor- und Nachteile einer Internetrecherche gegenüber einer Recherche in Büchern und Fachzeitschriften,
- kennen Kriterien für die Bewertung von Internetseiten,
- können ihre Einschätzung von Internetseiten begründen.

Seite 31 + 32

Anregungen für den Einsatz im Unterricht

Bevor die Schüler/-innen den Comic mit verteilten Rollen lesen, diskutieren sie im Plenum, ob sie bei einer Recherche tendenziell eher auf Bücher oder auf das Internet zurückgreifen würden. Im Anschluss bearbeiten die Schüler/-innen Aufgabe 1 b) (S. 32) in Einzel- oder Partnerarbeit. Die Auswertung erfolgt im Plenum. Für die Aufgabe 2 bietet sich ein Lerntempo-Duett an: Zunächst bearbeiten die Schüler/-innen Aufgabe 2 a) in Einzelarbeit, dann vergleichen sie ihre Ergebnisse miteinander in Partnerarbeit (Aufgabe 2 b).

Aufgabe 3 kann im Plenum gelöst werden.

3 Recherchieren — Informationsauswertung

Lösungshinweise

1 Lucas will nicht mehr im Internet recherchieren, weil
- er viel Werbung findet,
- er vieles nicht versteht,
- er widersprüchliche Informationen findet.

2 Individuelle Antworten.

3 Individuelle Antworten, abhängig vom Erfahrungsschatz der Schüler/-innen. Alle Begründungen von Deniz sind passend.

Seite 33

Anregungen für den Einsatz im Unterricht

Auf dieser Seite sollen die Schüler/-innen die Qualität von Suchergebnissen richtig einschätzen. Dabei geht es weniger um die Frage, ob Informationen richtig oder falsch sind, sondern ob die Seitenanbieter sich um eine objektive Darstellung eines Sachverhalts bemühen oder diesen aufgrund eigener Interessen oder Überzeugungen tendenziell einseitig darstellen. Die Aufgabe 4 kann dazu entweder in Einzel- oder Partnerarbeit bearbeitet werden.

Die Schüler/-innen sollen ein Gespür dafür bekommen, ob die von ihnen gefundenen Seiten glaubwürdig und verlässlich sind. Letztendlich kann aber auch eine seriöse Seite fehlerhafte Angaben machen. Hier hilft nur die Überprüfung der Informationen anhand mehrerer Quellen.

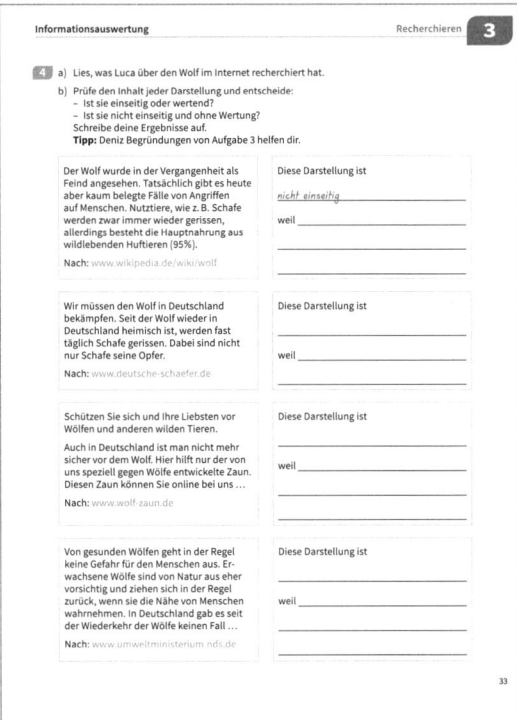

Lösungshinweise

4 a) + b)
1. Darstellung: nicht einseitig, weil sich die Darstellung auf Tatsachen beschränkt und mit Zahlen belegt wird.
2. Darstellung: einseitig und wertend, weil nur die negative Sicht der Schäfer (bzw. des Homepage-Betreibers) dargestellt wird. Belege für die Behauptungen fehlen.
3. Darstellung: einseitig, weil hier ein Unternehmen seine Waren anpreist.
4. Darstellung: nicht wertend, weil nur das Verhalten des Wolfes beschrieben wird. Die Quelle wirkt seriös.

Präsentieren

Präsentieren

Präsentationsmittel

Informationen und Wissen angemessen aufbereiten und einem Publikum überzeugend vortragen zu können, ist sowohl in der Schule als auch im beruflichen Umfeld wichtig. Der Einsatz der dafür benötigten Technik wird in Vortragssituationen meist vorausgesetzt, obgleich er selten reibungslos gelingt, selbst professionellen Rednern nicht. Es gilt hier das Motto: Übung macht den Meister!

Da das Präsentieren eigener, auch umfassenderer Arbeitsergebnisse ein fester Bestandteil vieler Fächer ist, sollte es im Unterricht zur Medienbildung sorgfältig eingeführt und regelmäßig geübt und weiterentwickelt werden. Worauf die Schüler/-innen schon bei ihren ersten Präsentationsversuchen achten sollten, wird in diesem Kapitel mit ihnen erarbeitet.

Zunächst ist ein passendes Präsentationsmittel auszuwählen. Mit Abschluss dieses Kapitels sollten die Schüler/-innen in der Lage sein, selbst einen ersten Vortrag vor Publikum zu halten und dafür eine einfache Präsentation zu gestalten.

Kompetenzerwartungen: Die Schüler/-innen ...
- kennen verschiedene Vortragstechniken und Präsentationsmittel,
- können die Vor- und Nachteile der einzelnen Präsentationsmittel benennen,
- können die für ihre Zwecke geeigneten Präsentationsmittel auswählen.

Seite 34 + 35

Anregungen für den Einsatz im Unterricht

Die Einstiegsseite 34 zeigt verschiedene Situationen aus dem Schulalltag, in denen Schüler/-innen oder Lehrkräfte etwas präsentieren. Dabei verwenden sie verschiedene Medien oder Techniken, um ihren Vortrag zu unterstützen. Es bietet sich an, die Schüler/-innen die dargestellten Situationen beschreiben zu lassen und sie nach Präsentationen zu fragen, die ihnen selbst in Erinnerung geblieben sind.

Die Schüler/-innen bearbeiten Aufgabe 1 auf Seite 35 in Einzelarbeit. Die Auswertung erfolgt im Plenum.

Für Aufgabe 2 bietet sich Partnerarbeit an. Der Austausch erfolgt mündlich und kann ggf. schon von den Tandems kurz schriftlich fixiert werden. Im Anschluss sammelt die Lehrkraft die Ideen der Schüler/-innen an der Tafel.

Aufgabe 3 kann wahlweise in Einzel- oder Partnerarbeit gelöst werden. Alternativ kann in Kleingruppen gearbeitet werden, in denen sich die Schüler/-innen über die Vor- und Nachteile ihrer Präsentationsmittel austauschen.

Im Plenum erfragt die Lehrkraft die von den Schüler/-innen favorisierten Präsentationsmittel. Im sich daraus ergebenden Unterrichtsgespräch soll deutlich werden, dass die Wahl eines geeigneten Präsentationsmittels stark situationsabhängig ist. Es sollte betont werden, dass Medien einen Vortrag im Idealfall unterstützen, dass also bei einem guten Vortrag stets das Thema, nicht die Technik im Vordergrund steht. Ein gelungener Vortrag kann mediengestützt sein oder auch gänzlich ohne Medien auskommen; Medien und Medientechnik allein hingegen sind ohne einen gut vorbereiteten Vortrag ohne Funktion.

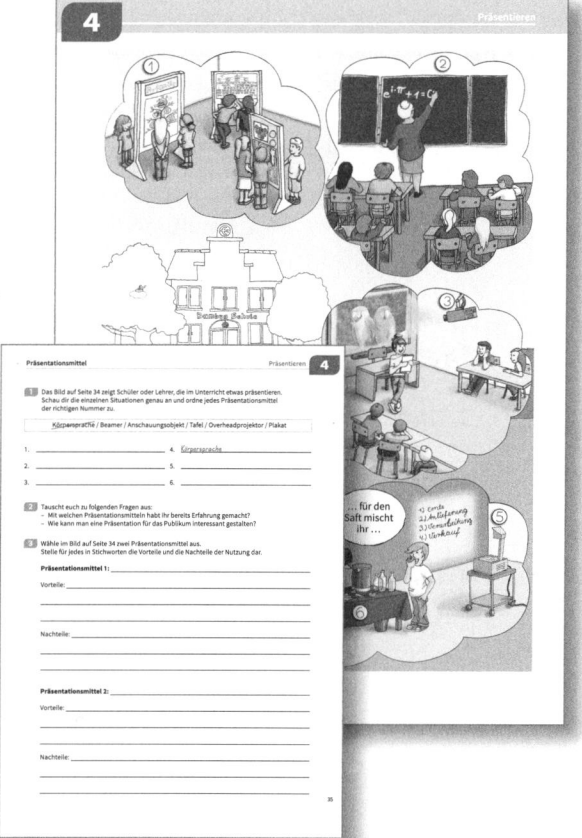

4 Präsentieren — Präsentationsmittel

Lösungshinweise

1
1. Plakat
2. Tafel
3. Beamer
4. Körpersprache
5. Overheadprojektor
6. Anschauungsobjekt

2 Eine ansprechende Präsentation hat idealerweise ein interessantes Thema und wird kompetent und abwechslungsreich vorgetragen. Der Vortrag sollte klar strukturiert sein. Eventuell unterstützend eingesetzte Medien sollten die Rede ergänzen und illustrieren. Der/die Vortragende selbst sollte laut und deutlich reden, Kontakt zum Publikum halten und einen sinnvollen zeitlichen Rahmen einhalten.

3 Individuelle Lösungen.

Folgende Vor- und Nachteile lassen sich den verschiedenen Präsentationsmitteln zuordnen:

Präsentationsmittel	Vorteile	Nachteile
Plakat	• kann sehr individuell gestaltet werden • kann auch zu Hause vorbereitet werden	• eventuell aufwändige Vorbereitung, schlechte Transportmöglichkeiten • kann immer nur von wenigen Schülerinnen und Schülern gleichzeitig betrachtet werden
Tafel	• Vorbereitungsaufwand eher gering • in jedem Klassenzimmer vorhanden	• eingeschränkte Darstellungsmöglichkeiten • Erstellung eines Tafelbildes während eines Vortrags kann zeitaufwändig sein • Vorbereitung des Tafelbildes vor dem Vortrag nicht immer möglich
Beamer	• multimediale Präsentation möglich • kann durch die Kombination von Text-, Bild-, Audio- und Videoelementen sehr interessant gestaltet werden	• Raum sollte verdunkelt sein • multimediale Präsentationen sind aufwändig in der Vorbereitung • zu viele Animationen können vom eigentlichen Vortrag ablenken
Körpersprache	• keine weiteren Hilfsmittel nötig • kann gut mit anderen Präsentationsmitteln kombiniert werden	• Körpersprache muss eingeübt werden, damit sie wirkt • nicht jedem liegt es, ohne weitere Medien vor einem Publikum zu stehen • wirkt aufgesetzt oder auch schnell langweilig, wenn sie nicht richtig beherrscht wird
Overheadprojektor	• Redner(in) steht mit dem Gesicht zum Publikum und hat dennoch die Folien im Blick • Präsentationsfolien können per Hand oder am PC gestaltet werden	• das Projektorlicht kann den Vortragenden blenden • die Folien verursachen Kosten (und Plastikmüll)
Anschauungsobjekt	• im Idealfall sehr anschaulich • Medium zum „Anfassen"	• unter Umständen hoher Vorbereitungsaufwand • kleinere Anschauungsobjekte können von einer größeren Gruppe nicht gleichzeitig betrachtet werden

Folien | Präsentieren | 4

Differenzierungsvorschläge

2 ↑ Schnelle Schüler/-innen schreiben ihre Ergebnisse selbst an die Tafel.

3 ↓ Bei schwächeren Klassen kann die Lehrkraft den Schüler/-innen direkt zwei Präsentationsmittel zuweisen, mit denen sie sich schon ein wenig auskennen.

Folien

Mit dem Aufkommen von leicht zu bedienenden Präsentationsprogrammen hat eine Vielzahl von eintönigen, nach immer dem gleichen Schema gestalteten Foliensätzen zunächst die Unternehmen und schließlich auch die Schulen überschwemmt. Konnte mancher Vortragende zunächst noch mit dem Einsatz von Technik punkten, trifft inzwischen wieder die dienende Funktion der Medien in den Vordergrund. Statt auf bunte Farben, aufwändige Animationen und aufdringliche visuelle und akustische Effekte zu setzen, sollte auch im schulischen Kontext von Beginn an darauf hingearbeitet werden, dass Folienpräsentationen einen gut vorbereiteten Vortrag unterstützen, ihn aber keinesfalls ersetzen können. Gute Folien helfen dem oder der Präsentierenden idealerweise, den Kern des Vortrags darzustellen und zu veranschaulichen. Grundsätzlich sollten auf Folien eher wenige Informationen dargestellt werden, z. B. ein aussagekräftiges (Schau-)Bild und ein knapper Text. (Zu) viele Folien lenken vom Vortrag ab, hier gilt: Weniger ist mehr!

Die Schüler/-innen sollen erkennen, dass sich eine gute, d. h. inhaltlich fundierte und ansprechende Präsentation nicht mit einem Programmassistenten und Textbausteinen zusammenbasteln lässt. Vom übermäßigen Gebrauch der Animationstools und Effekte sollte den Schüler/-innen generell abgeraten werden, auch wenn diese beim erstmaligen Arbeiten mit den Präsentationsprogrammen gerade auf jüngere Schüler/-innen einen gewissen Reiz ausüben.

Kompetenzerwartungen: Die Schüler/-innen …
- können eine einfache Präsentation unter Hilfestellung erstellen und gestalten,
- beachten bei der Erstellung einer Präsentation zentrale Gestaltungskriterien.

Seite 36 + 37

Anregungen für den Einsatz im Unterricht

Die Schüler/-innen lesen das kurze Gespräch der Kinder durch, entweder in Einzelarbeit oder gemeinsam im Plenum. Im Unterrichtsgespräch werden dann folgende Fragen erörtert:
- Wie haben die Folien auf Deniz und Leni gewirkt?
- Ist es richtig, Sina und Luca ein Feedback zu geben?
- Sollte man es jemandem direkt sagen, wenn man seine Folien nicht gut findet?
- Wie kann man Kritik äußern, ohne seinen Gegenüber zu verletzen?
- Wie kann man selbst auf Kritik reagieren?

Im Anschluss daran bearbeiten die Schüler/-innen die Aufgabe 1 a) in Partnerarbeit. Damit die Schüler/-innen Beurteilungskriterien zur Hand haben, sollte die Lehrkraft auf das Infoblatt „Folien" auf Seite 61 des Schülerarbeitsheftes hinweisen. Die Auswertung der Aufgabe erfolgt im Plenum. Die Lehrkraft hält zentrale Kritikpunkte auf der linken Tafelseite fest. Aufgabe 1 b) wird von den Schüler/-innen ebenfalls in Partnerarbeit gelöst, an die sich eine Auswertungsphase im Plenum anschließt. Nun schreibt die Lehrkraft die Verbesserungsvorschläge der Klasse auf die rechte Tafelseite entsprechend den Kritikpunkten auf der linken Tafelseite. Links steht dann beispielsweise „Überschrift zu klein", rechts „Überschrift größer".

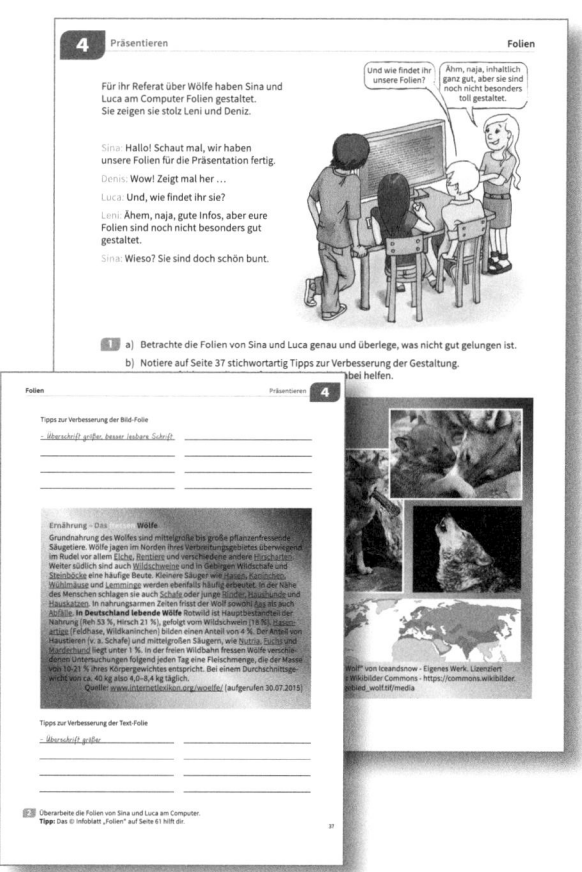

33

4 Präsentieren — Folien

 Die optionale Aufgabe 2 soll dazu anregen, das auf dieser Doppelseite Gelernte direkt in die Tat umzusetzen. Wenn genügend Zeit vorhanden ist und die notwendige Technik zur Verfügung steht, können die Schüler/-innen die Folien am Computer oder auch am Tablet mit Blick auf die von ihnen formulierten Gestaltungstipps überarbeiten.

Sollten keine Computer zur Verfügung stehen, können die Folien auch „analog", also auf dem Papier, gestaltet werden: So lässt sich ebenfalls erproben, wie sich Text- und Bildelemente stimmig anordnen lassen, welche Informationen auf der Folie platziert werden können und welche besser im Vortrag genannt werden. Auch die passenden Schriftgrößen von Überschriften und Fließtext lassen sich mithilfe eines handschriftlichen Entwurfs gut beurteilen.

Lösungshinweise

 a) Auf der ersten Folie (Impuls: Situation rechts oben auf S. 36) dominiert der Text und Farben, Bildelemente fehlen. Der Text ist außerdem nicht gegliedert, was die Orientierung erschwert: Die Schrift wäre bei einer Präsentation infolge der Größe gar nicht lesbar.
Die Folie mit Bildern bei Aufgabe 1 wirkt sehr unruhig und unstrukturiert. Auch hier ist die Schrift zu klein und bei einer Projektion vermutlich kaum lesbar. Zwei der Bilder weisen keinen Rahmen auf, die Bilder überlappen sich teilweise – auch das wirkt nicht sehr strukturiert. Der Zusammenhang zwischen Bild- und Textelementen fehlt (könnte aber vom Vortragenden hergestellt werden). Quellenangaben sind (nur) einmal vorhanden, fehlen ansonsten. Auch hier wäre Einheitlichkeit (alle Quellen auf die Folie oder alle in den Anhang) wünschenswert.

b) Tipps zur Verbesserung der Bild-Folie
- Überschrift größer, besser lesbare Schrift
- weniger (1–2) Fotos, dafür größere Bilder
- einheitliche Rahmengestaltung der Bilder
- Landkarte größer, Ergänzung der Legende
- aussagekräftigere Überschrift

Tipps zur Verbesserung der Text-Folie
- Überschrift größer
- einheitliche Schriftformatierung
- ruhiger Hintergrund
- Stichworte statt Fließtext
- Darstellung der Zahlen als Diagramm
- evtl. Bildmaterial zur Illustration

  Individuelle Lösung.

| Vortrag | Präsentieren | 4 |

Vortrag

Das Herzstück jeder Präsentation ist ein gelungener mündlicher Vortrag. Da dieser so essentiell ist, sollten die Schüler/-innen im Unterricht genügend Zeit bekommen, eigene kleine Vorträge vorzubereiten, einzuüben und vor der Klasse zu halten. Dabei kann dann der geeignete Medieneinsatz überprüft bzw. diskutiert werden.

Kompetenzerwartungen: Die Schüler/-innen ...
- können ihr eigenes digitales Medienprodukt vor einem Publikum vorstellen und die Qualität anhand vorgegebener Kriterien einschätzen,
- können ein fundiertes Feedback geben und entgegennehmen.

Seite 38 + 39

Anregungen für den Einsatz im Unterricht

Der Comic zeigt Leni und Deniz in einer Präsentationssituation. Während sie den Vortrag im Freundeskreis üben, unterlaufen ihnen beim Vortrag einige Fehler, die die Schüler/-innen beim Lesen und Betrachten der Bildergeschichte schnell identifizieren werden. In einem weiteren Schritt überlegen sie sich, wie sich der Vortrag verbessern ließe und was man beim Vortragen grundsätzlich beachten sollte.
Die Schüler/-innen tragen den Comic zunächst mit verteilten Rollen vor. Im Anschluss daran bearbeiten sie die Aufgaben 1 a) und b) in Einzel- oder Partnerarbeit. Die Auswertung erfolgt im Plenum.
Aufgabe 1 c) kann in Einzelarbeit gelöst werden.
Die Schüler/-innen überlegen sich unter Berücksichtigung der in den Aufgaben 1 a) und b) genannten Kritikpunkte Tipps für einen gelungenen Vortrag. Vor der Auswertungsphase im Plenum tauschen sich die Schüler/-innen mit einem Partner aus und ergänzen ggf. ihren Aufschrieb (Aufgabe 1 d).

Lösungshinweise

b) Folien nicht mit dem Körper verdecken, Hände aus den Taschen nehmen, nichts vor den Mund halten, auf die Körperhaltung achten, laut und deutlich sprechen, Vortrag vorher einüben ...

c) Tipps für einen gelungenen Vortrag:
- Sprich laut, langsam und deutlich.
- Begrüße dein Publikum und nenne dein Thema.
- Strukturiere deinen Vortrag.
- Bereite deinen Vortrag vor, indem du ihn einübst.
- Erstelle Vortragskärtchen als Gedächtnisstütze.
- Nimm eine passende Körperhaltung an.
- Achte auf deine Gestik und Mimik während des Vortrags.
- Achte darauf, dass du deine Folien nicht mit deinem Körper verdeckst.
- Überlege dir einen guten Schluss für deine Präsentation.

Differenzierungsvorschläge

 ↓ c) Die Lehrkraft stellt an der Tafel oder auf einem Handout passende und unpassende Tipps für einen gelungenen Vortrag zur Verfügung. Die Schüler/-innen wählen die richtigen Antworten aus und übertragen diese in ihr Arbeitsheft. Beispiele für richtige Antworten finden sich oben in den Lösungshinweisen. Unpassende Antworten sind beispielsweise: *Stecke die Hände in die Hosentasche. Schaue die Zuhörer nicht an. Rede möglichst schnell. Stehe nie still und bewege dich immer.*

5 Mediennutzung

Medien im Alltag

Bücher sind heutzutage nicht mehr unbedingt Teil der Lebenswelt von Kindern und Jugendlichen. Die Haushalte, in denen sie aufwachsen, sind jedoch in der Regel mit Handy(s), Computer(n), Fernsehgerät(en) und Internetzugang ausgestattet. Oft sind sie selbst Besitzer solcher Geräte. So verwundert es kaum, dass auch die Freizeit oft multimedial gestaltet wird. Die Internetnutzung, inzwischen oft über das Smartphone, und das Musikhören werden dabei als besonders wichtig angesehen. Dennoch haben sich die medienfernen Freizeitaktivitäten in den vergangenen 15 Jahren kaum verändert: Treffen innerhalb der Peergroup, Sport und Familienunternehmungen haben für die Heranwachsenden nach wie vor einen sehr hohen Stellenwert.

In diesem Kapitel steht das Mediennutzungsverhalten der Schüler/-innen im Fokus. Sie sollen zunächst über die Bedeutung der Medien im Alltag und für ihr eigenes Leben nachdenken. Mit dem Medientagebuch bekommen sie ein Instrument an die Hand, ihr eigenes Nutzungsverhalten zu erfassen und auszuwerten. Das Kapitel schließt mit der Frage ab, welche Regeln für den persönlichen Medienkonsum notwendig oder sinnvoll sind.

Weitere aktuelle Informationen zur Mediennutzung von Kindern und Jugendlichen bieten die regelmäßig erscheinenden Studien des Medienpädagogischen Forschungsverbunds Südwest (www.mpfs.de). Die jährlich erscheinende JIM-Studie beschäftigt sich mit den 12- bis 19-Jährigen, die alle zwei Jahre erscheinende KIM-Studie mit Kindern im Alter zwischen 6 und 13 Jahren. Die aktuellen Studien können kostenlos beim Forschungsverbund angefordert oder auf der jeweiligen Homepage heruntergeladen werden.

Kompetenzerwartungen: Die Schüler/-innen …
- können die Bedeutung der Medien im Alltag und die Gründe für ihre Nutzung benennen,
- beschreiben ihre persönliche Motivation bezüglich des eigenen Mediennutzungsverhaltens.

Seite 40 + 41

Anregungen für den Einsatz im Unterricht

Die Einstiegsseite des Kapitels zeigt verschiedene Situationen, in denen die Protagonisten des Arbeitshefts Medien nutzen. Auf Folie kopiert, lässt sich die Abbildung dazu nutzen, die Schüler/-innen in Partnerarbeit über das Thema des Kapitels spekulieren zu lassen. (Dabei darf die Überschrift „Mediennutzung" natürlich nicht erkennbar sein.) Im Anschluss tauschen sich die Schüler/-innen dazu im Plenum aus.

Aufgabe 1 kann in Einzel- oder Partnerarbeit gelöst werden. Die Auswertung erfolgt ebenfalls im Plenum; auch hier kann eine Folie zum Einsatz kommen.

Bevor die Schüler/-innen die Aufgabe 2 in Einzelarbeit lösen, kann die Lehrkraft zunächst vorstellen, welche Medien sie (bzw. eine „typische" Lehrkraft) im Laufe eines Tages nutzt und wofür (z. B. Tageszeitung, Autoradio, Smartphone, Bücher, Fernseher, Computer, Zeitschrift, Kino etc.).

Lösungshinweise

 Leni nutzt ihr Handy, um Musik zu hören. Cem spielt mit einer Konsole. Frau Beck arbeitet am Laptop und schaut TV. Herr Beck telefoniert. Luca und Deniz chatten am PC. Vessi ist auf dem Weg ins Kino, um dort einen Film anzuschauen. Der Mann auf der Parkbank liest in einer Zeitung.

Reflexion des Medienverhaltens/Medientagebuch   Mediennutzung | 5

 Diese Aufgabe soll die Schüler/-innen zur Reflexion des eigenen Mediennutzungsverhaltens anregen. Eine Auswertung ist nicht unbedingt nötig. Die Schüler/-innen können aber von ihrem Nutzungsverhalten berichten, sodass die unterschiedlichen Anwendungen und Nutzungsdauern deutlich werden. Es sollte strikt vermieden werden, dass ein Schüler/eine Schülerin sich abgewertet fühlt.

Differenzierungsvorschläge

 ↑ b) Mit einer stärkeren Lerngruppe lässt sich noch erörtern, welche Bedürfnisse (Kommunikation, Information, Unterhaltung) mit den einzelnen Medien in den verschiedenen Situationen befriedigt werden.

 ↑ b) Auch hier kann der Aufschrieb noch um die Funktion der Medien ergänzt werden.

Reflexion des Medienverhaltens/Medientagebuch

Selbsteinschätzung und Fremdwahrnehmung der Mediennutzung durch Jugendliche sind in der Regel recht unterschiedlich. Um über das richtige Maß der Mediennutzung nachzudenken, empfiehlt es sich also, zunächst die tatsächliche Nutzung durch die Kinder und Jugendlichen erfassen zu lassen. Dafür bietet sich ein Medientagebuch an, in welchem die Schüler/-innen ihre Anwendungen und die Zeiträume möglichst detailliert protokollieren. Das Tagesprotokoll dient dazu, die genauen täglichen Nutzungszeiträume zu erfassen. Die Nutzungsdauer der verschiedenen Medien wird dann summiert und in einer Wochenübersicht übersichtlich dargestellt.

Kompetenzerwartungen: Die Schüler/-innen ...
- beschreiben und interpretieren verschiedene Schaubilder mit Balkendiagrammen,
- erheben die eigene Mediennutzung mithilfe von Tages-/Wochenübersichten und werten sie altersangemessen aus,
- vergleichen ihre eigenes Nutzungsverhalten mit dem ihrer Mitschüler/-innen.

Seite 42 + 43

Anregungen für den Einsatz im Unterricht

Ziel dieses Kapitels ist die Erfassung und Auswertung des Mediennutzungsverhaltens durch die Schüler/-innen. Dazu werden sie zunächst mit dem Format „Medientagebuch" vertraut gemacht, sodass sie dieses dann im Verlauf einer Woche selbständig verwenden können.

Als Einstieg dient die Situation, die oben rechts auf Seite 42 dargestellt ist sowie Aufgabe 1. Diese kann entweder gemeinsam im Plenum oder in Tandems bearbeitet werden.

Aufgabe 2 wird in Einzelarbeit gelöst. Dies soll sicherstellen, dass alle Schüler/-innen später mit ihrem eigenen Tagebuch zurechtkommen. Für die Auswertung im Plenum bietet es sich an, die Protokolle von Cem und Vessi auf Folie parat zu haben.

Aufgabe 3 kann in Einzel- oder Partnerarbeit bearbeitet werden. Die Auswertung erfolgt im Unterrichtsgespräch.

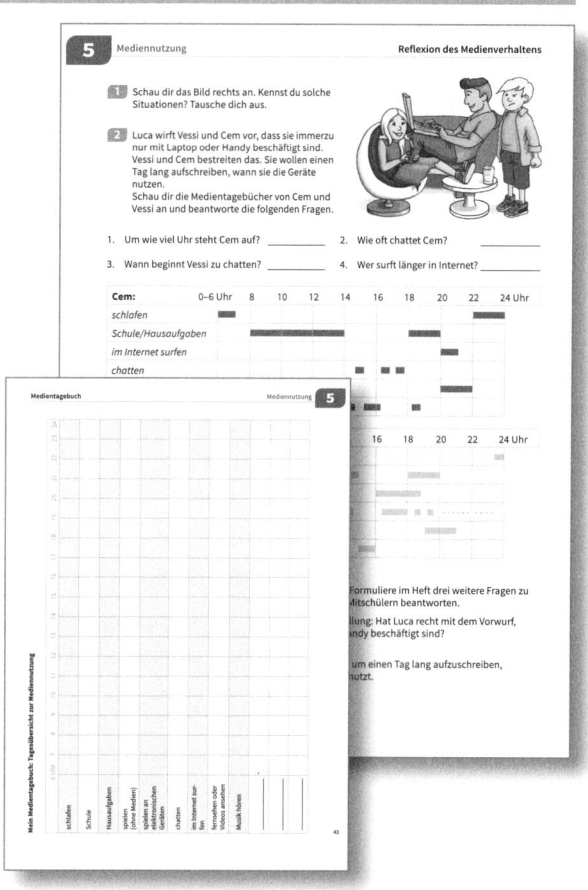

5 Mediennutzung — Reflexion des Medienverhaltens/Medientagebuch

Als Vorbereitung für Aufgabe 4 sollen die Schüler/-innen zunächst ihre eigene Mediennutzung einschätzen. Dazu schreibt die Lehrkraft folgende Satzbausteine an die Tafel, die die Schüler/-innen für sich vervollständigen und aufschreiben.

- *Ich nutze elektronische Medien … (häufig, manchmal, selten, nie)*
- *Ich schreibe ca. _____ Textnachrichten (SMS, Whatsapp …) am Tag.*
- *Ich verbringe ca. _____ Stunden Freizeit ohne elektronische Medien am Tag.*
- *Ich schaue ca. _____ Stunden fern oder Videos.*

Die Schüler/-innen bearbeiten Aufgabe 4 anschließend als Hausaufgabe. Die Lehrkraft sollte darauf hinweisen, dass die Schüler/-innen das Medientagebuch nicht erst am Ende des Tages oder gar an einem der folgenden Tage (aus dem Gedächtnis) ausfüllen sollen, sondern am besten schon während des Tages regelmäßig (z. B. alle zwei Stunden) Eintragungen vornehmen. Damit die Medientagebücher möglichst vergleichbar sind, sollte die Lehrkraft den (Wochen-)Tag bestimmen, den die Schüler/-innen protokollieren.

Auswertung:
- Zunächst in Einzelarbeit. Die Schüler/-innen vergleichen ihre Selbsteinschätzung bezüglich der Mediennutzung („Ich nutze elektronische Medien …") mit ihren Aufzeichnungen.
- Im zweiten Schritt erfolgt eine Auswertung in Kleingruppen. Die Schüler/-innen tauschen dazu ihre Medientagebücher untereinander aus und achten auf Unterschiede und Gemeinsamkeiten.
- In einem dritten Schritt folgt ein Unterrichtsgespräch, in dem Gemeinsamkeiten und Unterschiede bei den einzelnen Schüler/-innen herausgearbeitet werden.

Lösungshinweise

1 Individuelle Antworten.
Das Bild zeigt Cem und Vessi, die ganz in ihre elektronischen Geräte vertieft sind. Luca ist verärgert, da ihn keiner wahrnimmt. Mit den Schülerinnen und Schülern lässt sich die dargestellte Situation von zwei Seiten beleuchten: Sind sie selbst schon einmal verärgert gewesen, weil sie sich ignoriert gefühlt haben? Und waren sie womöglich selbst schon einmal so von ihren elektronischen Medien fasziniert, dass sie alles um sich herum vergessen haben?

2
1. Cem steht um 7 Uhr auf.
2. Cem chattet dreimal (für jeweils 15–20 Minuten).
3. Vessi beginnt um 7 Uhr zu chatten – direkt nach dem Aufstehen.
4. Cem surft eine Stunde im Internet, Vessi drei.

3 a) Individuelle Lösungen.
Mögliche Fragen sind zum Beispiel:
- Wer hat länger Unterricht? (Vessi)
- Wer schaut länger Fernsehen? (Beide schauen 2 Stunden.)
- Wer schläft nachts länger? (Cem 9 Stunden, Vessi 8)
- Was machen Vessi und Cem um 16.00 Uhr? (Vessi surft im Internet, Cem verbringt seine Freizeit ohne Medien.

b) Cem ist rund 2 Stunden mit Laptop und Handy beschäftigt, Vessi deutlich länger. Da Vessi fast den ganzen Tag immer wieder chattet und am Nachmittag 3 Stunden im Internet surft, kann bei Luca tatsächlich der Eindruck entstehen, dass Vessi diese Geräte nie aus der Hand legt.

4 Individuelle Antworten.
Die Lehrkraft sollte möglichst die Eltern im Vorfeld darüber informieren, dass ein Medientagebuch geführt wird.

Reflexion des Medienverhaltens/Medientagebuch — Mediennutzung 5

Differenzierungsvorschläge

2 ↓ Die Lehrkraft projiziert Cems und Vessis Medientagebuch an die Wand und wertet es gemeinsam mit den Schüler/-innen aus.

3 ↓ Die Aufgabe kann auch arbeitsteilig in Partnerarbeit gelöst werden.

4 ↑ Die Lehrkraft streicht einzelne Kategorien oder fügt gemeinsam mit den Schüler/-innen weitere hinzu. Beim Chatten kann man statt der Zeitangaben auch die Anzahl von gesendeten und empfangenen Nachrichten ermitteln.

Seite 44

Anregungen für den Einsatz im Unterricht

Aufgabe 5 fordert die Schüler/-innen auf, ein Medientagebuch über eine ganze Woche zu führen. Ein Wochenprotokoll liefert aussagekräftigere Daten als ein Tagesprotokoll, da die Nutzungszeiten am Wochenende erfahrungsgemäß vor allem bei den Jungen deutlich von der Nutzung an den Schultagen abweichen. Die Lehrkraft sollte darauf hinweisen, dass bei dem Wochenprotokoll nur noch die Minutenzahl angegeben werden muss.

Hinweis: Es erscheint sinnvoll, den Schüler/-innen das Tagesprotokoll (S. 43) mehrfach kopiert auszuhändigen, damit sie zunächst die einzelnen Tage exakt protokollieren. Ansonsten besteht auch hier die Gefahr, dass die Nutzungsdauer am Ende des Erhebungszeitraumes in Ermangelung valider Daten nur grob geschätzt wird.
Die Auswertung von Aufgabe 5 erfolgt mit Hilfe der Lehrkraft, Aufgabe 6 entweder einzeln oder in Kleingruppen.

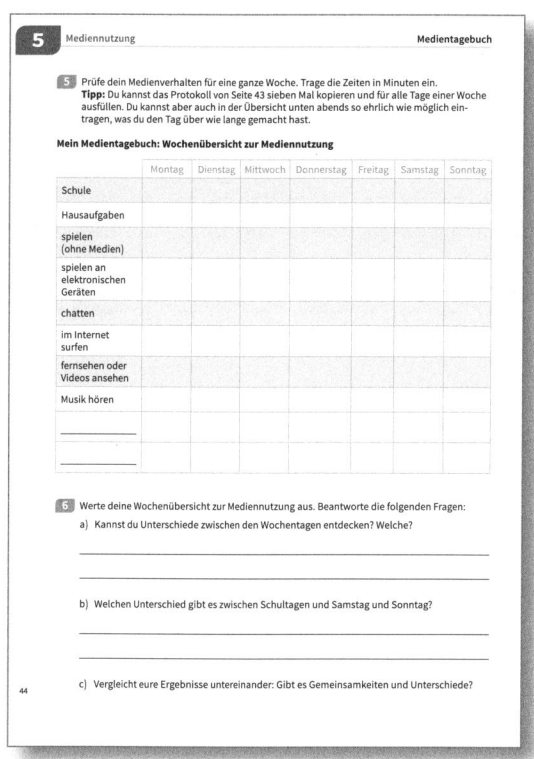

Lösungshinweise

5 Individuelle Antworten.
6 Individuelle Antworten.

Differenzierungsvorschläge

5 ↓ Anstelle des Wochenprotokolls kann auch lediglich ein Wochentag und ein Tag des Wochenendes protokolliert und verglichen werden.

5 Mediennutzung — Regeln für den Medienkonsum

Regeln für den Medienkonsum

Die (vermeintlich übermäßige) Mediennutzung der Kinder und Jugendlichen ist ein häufiger familiärer Streitpunkt. Aktuellen Umfragen zufolge existieren in rund 90% der Familien Regeln zur Nutzung von Handy und Computer. Kindern fällt es in der Regel nicht schwer zu akzeptieren, dass es Regeln gibt, sie sind aber der Meinung, dass diese dann auch von allen – d. h. auch von den Eltern – befolgt werden sollten. Tatsächlich färbt das Mediennutzungsverhalten der Erwachsenen stark auf das der Kinder ab.

Statt den Heranwachsenden starre Regeln vorzugeben, empfiehlt es sich, mit ihnen die Mediennutzung gemeinsam auszuhandeln. Hier kann die Schule den Eltern naturgemäß nur beratend zur Seite stehen und sie bei ihrem Erziehungsauftrag indirekt unterstützen.

Dieses Unterkapitel bereitet die Diskussion um eine angemessene Regelung des Medienkonsums argumentativ vor und ermuntert die Schüler/-innen, sich mit verschiedenen inhaltlichen Positionen auseinanderzusetzen.

Kompetenzerwartungen: Die Schüler/-innen …
- können Argumente für ihre eigenen Interessen formulieren,
- können ihre Position in einem Streitgespräch sachlich und mit Argumenten gestützt vertreten,
- können Regeln zum Medienkonsum formulieren und begründen,
- können einen angemessenen Umfang der Mediennutzung reflektieren.

Seite 45

Anregungen für den Einsatz im Unterricht

Die Schüler/-innen lesen den Dialog zwischen Vessi und ihrer Mutter. Im Unterrichtsgespräch wird darüber gesprochen, ob sie selbst schon ähnliche Erfahrungen gemacht haben. Im Anschluss bearbeiten die Schüler/-innen Aufgabe 1 in Partnerarbeit oder in Kleingruppen. Die Auswertung erfolgt im Plenum.

Lösungshinweise

 Schule und Hausaufgaben: Ich brauche den Computer, um im Internet für Hausaufgaben und Referate zu recherchieren. Außerdem informiere ich mich auf der Webseite unserer Schule über den Vertretungsplan. Wenn ich die Hausaufgaben nicht verstehe, kann ich im Chat meine Freundinnen fragen.

Freizeit: Ich brauche mein Handy zum Musikhören, sonst ist die Busfahrt langweilig. Ich chatte mit meinen Freundinnen, wir tauschen uns über Neuigkeiten aus und verabreden uns über unser Netzwerk. Ohne das Telefon kann ich sie nicht erreichen und auch ich bin für niemanden erreichbar.

Differenzierungsvorschläge

 ↓ Die Lehrkraft stellt die folgenden Satzbausteine an der Tafel oder als Handout zur Verfügung. Die Schüler/-innen wählen passende Bausteine aus und übertragen sie ins Arbeitsbuch.
- Ich checke den Vertretungsplan.
- Ich muss für meine Freunde erreichbar sein.
- Ich muss die Hausaufgaben abschreiben können.
- Mein Trainer schickt unserem Team wichtige Infos.
- Meine YouTube-Fans warten auf neue Videos
- …

Regeln für den Medienkonsum — Mediennutzung 5

Hinweis: Übermäßiger und unangemessener Medienkonsum ist gerade unter Jugendlichen weit verbreitet und kann erhebliche negative Auswirkungen auf Konzentrationsfähigkeit und Sozialverhalten haben. Eine Sensibilisierung für dieses Thema – und darauf zielen die Aufgaben in Kapitel 5 a + 5 b ab – kann ein wichtiger Beitrag sein zu einem vernünftigen Umgang mit Medien. Das Suchtpotential dieser Medien macht es jedoch erforderlich, dass Eltern wie auch Schulen klare Regeln in Bezug auf die Nutzung von modernen Medien aufstellen und einfordern.

Seite 46

Anregungen für den Einsatz im Unterricht

Die Schüler/-innen lesen das Gespräch im Bild zwischen Vessi und ihren Eltern (Aufgabe 2 a). Es kann sich ein Unterrichtsgespräch anschließen, in dem die Schüler/-innen mögliche weitere Elternäußerungen nennen. (z. B. „Du bist immer nervös und kannst dich gar nicht mehr konzentrieren.")
Aufgabe 2 b) kann entweder in Einzel- oder in Partnerarbeit gelöst werden. Die Auswertung erfolgt im Plenum. Im Anschluss überlegen die Schüler/-innen in Kleingruppen mögliche Maßnahmen oder Vereinbarungen, die Vessi und ihre Eltern treffen könnten.

Lösungshinweise

2 b)
1. Ja, stimmt. Da kommen immer WhatsApp-Nachrichten oder ich schaue YouTube-Videos. Aber ich kann das Handy ja abschalten, wenn ich ins Bett gehe.
2. Ich bin lange in der Schule und viel mit den Hausaufgaben beschäftigt. Und meine Freunde sind mir auch wichtig. Aber natürlich können wir auch mal etwas zusammen machen.
3. Das Lernen fällt mir manchmal einfach schwer! Wenn ich nichts verstehe, kann ich aber im Chat nachfragen, da findet sich immer jemand, der mir hilft.
4. Wir treffen uns zwar nicht mehr so häufig, aber wir sind über unsere Chatgruppe ständig in Kontakt. Ohne das Handy könnte ich mich gar nicht mehr mit ihnen verabreden. Aber ich kann ja versuchen, nicht mehr ganz so oft zu chatten.

5 Mediennutzung — Regeln für den Medienkonsum

Seite 47

Anregungen für den Einsatz im Unterricht

Die Schüler/-innen bearbeiten Aufgabe 3 entweder zu zweit oder in Kleingruppen. Alternativ kann die Lehrkraft jeweils einen der Lösungsvorschläge auf ein DIN-A3-Blatt kopieren. (Bei größeren Lerngruppen sollte jeder Vorschlag doppelt vorhanden sein.) Die Blätter werden im Raum verteilt und die Schüler/-innen ordnen sich jeweils einem der Plakate zu und diskutieren dort miteinander die Vor- und Nachteile des jeweiligen Vorschlags. Diese werden auch schriftlich fixiert; im nachfolgenden Unterrichtsgespräch können dann ausgewählte Äußerungen thematisiert werden.

Aufgabe 4 a) wird einzeln bearbeitet, 4 b) in Partnerarbeit oder in Kleingruppen.

Für Aufgabe 5 teilt die Lehrkraft die Klassen in Dreiergruppen ein. Jedes Gruppenmitglied bereitet sich auf eine Rolle des Gesprächs vor (Vessi, Mutter, Vater). Ggf. kann auch die Lehrkraft schon die einzelnen Rollen zuteilen. Im Verlauf des Gesprächs sollen die Schüler/-innen mehrere Lösungsvorschläge thematisieren. Nach einer Vorbereitungsphase spielen einzelne Gruppen ihre Diskussion vor. Im Unterrichtsgespräch werden die unterschiedlichen Diskussionsverläufe besprochen und auf ihre Umsetzungsmöglichkeiten geprüft.

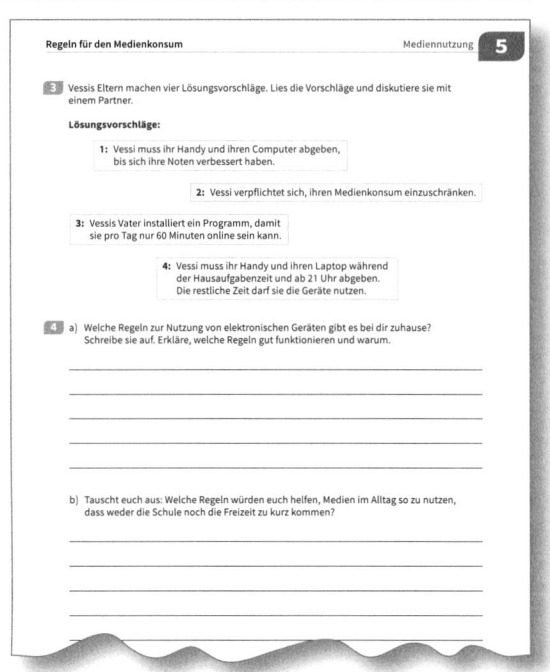

Lösungshinweise

3 Individuelle Ergebnisse. Hinweise zu den Vorschlägen:
Vorschlag 1 wäre für Vessi wohl am schwierigsten zu akzeptieren, weil er einem kompletten Medienverzicht auf Zeit gleichkommt.
Vorschlag 2 müsste vermutlich noch weiter konkretisiert werden – wie genau sieht diese Einschränkung aus? Und wer achtet darauf, dass diese Beschränkungen auch eingehalten werden?
Bei **Vorschlag 3** erübrigt sich die tägliche Diskussion, wann und wie lange die Geräte genutzt werden können. Er zeugt aber nicht von einem vertrauensvollen Verhältnis zwischen den Eltern und Vessi. Außerdem könnte die Sperre beispielsweise über das mobile Handynetz umgangen werden.
Vorschlag 4 scheint ein vernünftiger Kompromiss zu sein – Vessi könnte weiterhin ihren medialen Interessen nachgehen und wäre dennoch bei den Hausaufgaben und in der Nacht ungestört.

4 a) Individuelle Antworten.
Neben der Diskussion, was gut und was weniger gut funktioniert, könnte hier auch erörtert werden, warum diese Regeln für die Schüler/-innen und im familiären Miteinander sinnvoll sein können.

b) Individuelle Antworten.
Möglicherweise wird hier von Schülerseite das Argument vorgebracht, dass die Beschäftigung mit Medien ein vollwertiger Teil der Freizeitgestaltung ist. Es wäre dann zu diskutieren, ob das Erlernen eines Musikinstruments oder das Engagement in einem Sportverein Vorteile haben könnte, welche nicht durch die Mediennutzung kompensiert werden können.

5 Individuelle Ausarbeitungen.

Weiterführende Aufgabe

Zur Erweiterung der Medienkompetenz können die Gespräche auch mit einer Videokamera aufgenommen werden und im Anschluss analysiert werden: Welche Gestik, welche Mimik wurde eingesetzt? Wie wurde argumentiert, welche Argumente waren überzeugend? Ist die gefundene Lösung realistisch und umsetzbar?

Wie Werbung beeinflusst

Wie Werbung beeinflusst

Werbung im Alltag

Werbung ist aus unserem Alltag nicht mehr wegzudenken. Sie verfolgt uns buchstäblich auf Schritt und Tritt. Auch in den Medien nimmt die Werbung für Produkte und Dienstleistungen einen breiten Raum ein. So kommen auch Heranwachsende schon früh mit Werbung in Kontakt. Da Werbestrategen Kinder und Jugendliche längst als werberelevante Zielgruppe ausgemacht haben, versuchen sie recht unverhohlen, auf diese einzuwirken.

Für die Werbeindustrie sind Kinder und Jugendliche deshalb besonders interessant, weil sie einerseits selbst (als Gruppe) über eine hohe Kaufkraft verfügen und andererseits auch ihre Eltern bei deren Kaufentscheidungen stark beeinflussen. Hinzu kommt, dass sich bereits bei 7- bis 10-Jährigen ein deutliches Markenbewusstsein herausbildet und so eine frühe Markenbindung möglich und für die Werbeindustrie lohnenswert erscheint.

Werbung, die direkt auf Kinder und Jugendliche zielt, ist in Deutschland zahlreichen Bestimmungen und Richtlinien unterworfen. Im Rundfunkstaatsvertrag ist beispielsweise festgehalten, dass Werbung keinen direkten Kaufappell an Kinder und Jugendliche enthalten darf und diese auch nicht auffordern darf, Eltern oder Dritten zum Kauf einer Ware zu animieren. Ebenso soll die Leichtgläubigkeit und Unerfahrenheit der Heranwachsenden nicht ausgenutzt werden. Werbung für Kinder sollte auch für diese leicht als solche erkennbar sein.

In der Praxis werden diese Vorgaben nicht immer eingehalten. Die freiwilligen Kontrollen bieten keinen ausreichenden Schutz für Kinder. Umso wichtiger ist es, das Thema Werbung in der Schule altersgerecht zu thematisieren, damit die Schüler/-innen lernen, die Intentionen der Werbeindustrie zu erkennen und zu durchschauen. Hier kann der Unterricht nicht nur einen wichtigen Beitrag zur Medien-, sondern auch zur Verbraucherbildung leisten.

Kompetenzerwartungen: Die Schüler/-innen …
- können die Funktion von Werbung erkennen und bewerten und
- erwerben Kompetenzen im Sinne eines reflektierten und selbstbestimmten Konsumverhaltens.

Seite 48 + 49

Anregungen für den Einsatz im Unterricht

Die Einstiegsseite des Kapitels zeigt eine Szene des städtischen Lebens, die mit zahlreichen Werbemitteln gespickt ist. Sie kann dazu genutzt werden, mit den Schüler/-innen darüber nachzudenken, wann und wo uns Werbung im alltäglichen Leben überall begegnet. Daneben soll eine erste Reflexion darüber angeregt werden, welche Intention Werbung verfolgt und ob bzw. wann Werbung als nützlich oder als störend wahrgenommen wird.

Die Schüler/-innen bearbeiten Aufgabe 1 in Einzelarbeit und vergleichen ihre Ergebnisse in Partnerarbeit. Die Auswertung erfolgt im Plenum mit Hilfe der auf Folie kopierten Seite 48 aus dem Schülerarbeitsheft.

Aufgabe 2 wird zunächst in Einzelarbeit gelöst, im Anschluss daran tauschen sich die Schüler/-innen in Kleingruppen aus.

Für Aufgabe 3 empfiehlt sich ebenfalls Einzelarbeit. Die Lehrkraft kann darauf hinweisen, dass die Schüler/-innen bei der Beschreibung ihrer Lieblingswerbung weder den Markennamen noch die Produktgruppe nennen sollten, damit die nachfolgende Aufgabe 4 möglichst spannend wird. Damit die Schüler/-innen wissen, wie sie vorgehen können, sollte die Lehrkraft ein konkretes Beispiel vorgeben und von den Schüler/-innen erraten lassen.

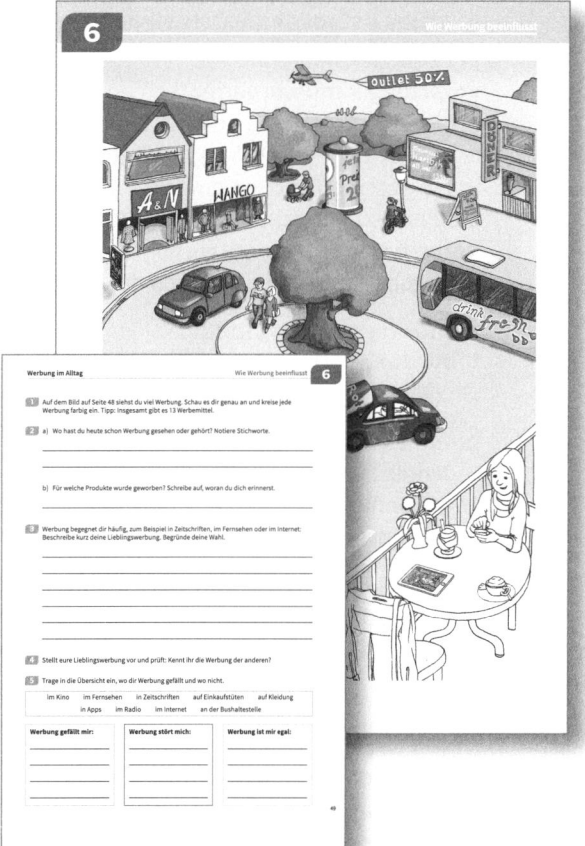

6 Wie Werbung beeinflusst

Werbung im Alltag

Aufgabe 4 wird einzeln bearbeitet. In der Auswertungsphase geht eine Hälfte der Klasse im Klassenzimmer umher und lässt sich die Werbung der Mitschüler/-innen vorstellen. Danach wird gewechselt.

Für Aufgabe 5 bietet sich Einzelarbeit und eine Auswertung im Plenum an.

Lösungshinweise

1

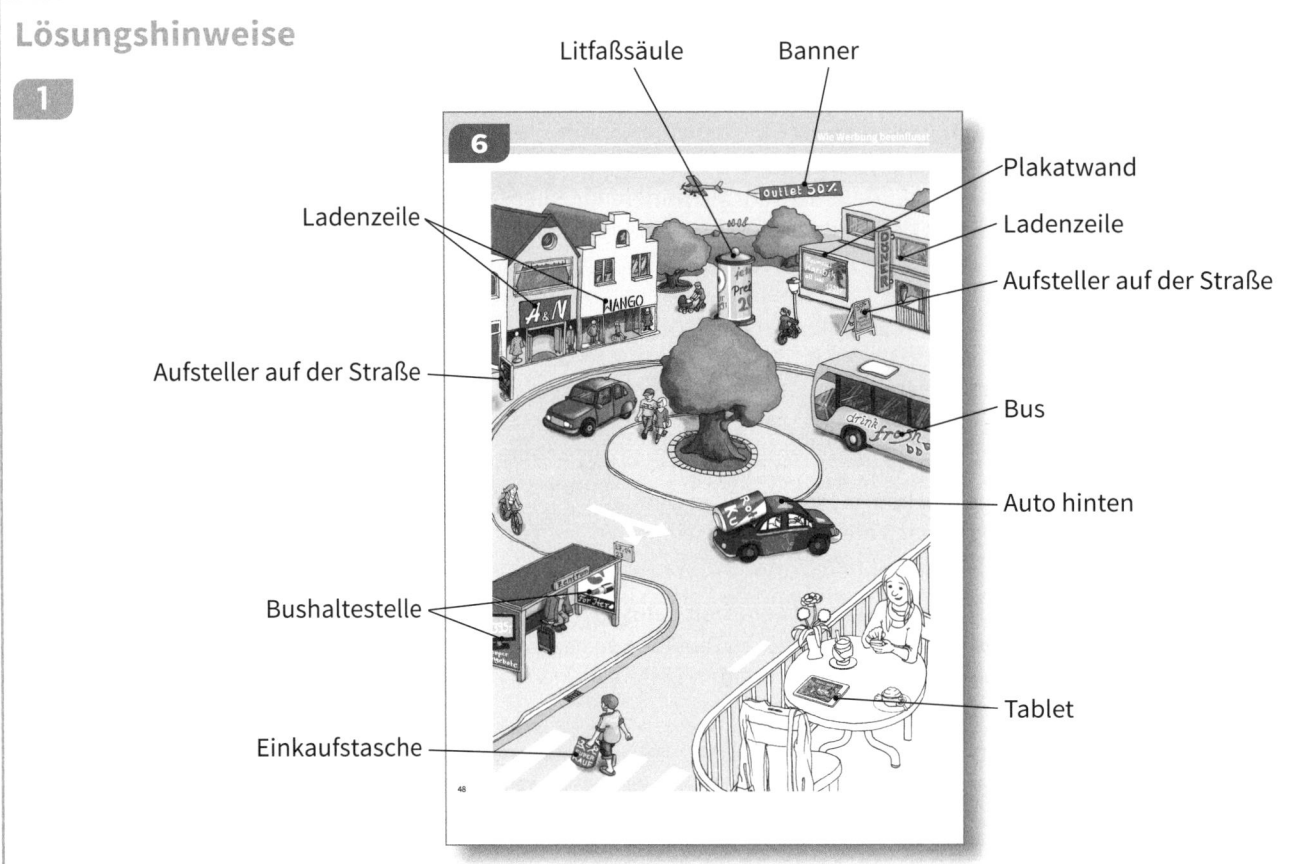

2 Individuelle Antworten.
Hier ist bereits eine Differenzierung nach Produkten oder Produktgruppen möglich: Wen sollen die Werbemittel ansprechen?

3 Individuelle Antworten.
Zu diesem Thema lässt sich in der Klasse schnell Hitlisten der beliebtesten Audio-, Video-, Printanzeigen erstellen, die dann mediengestützt präsentiert werden können.

4 Individuelle Antworten.
Die Werbung kann im Plenum gesammelt und thematisch oder nach formalen Gesichtspunkten (TV-, Radio-, Print-, Internetwerbung; Audio-, Videospots, Text- oder Bildanzeigen) sortiert werden.

5 Individuelle Antworten.
Hier kann zusätzlich erörtert werden, warum die Werbung im jeweiligen Medium als besonders störend wahrgenommen wird und wo sie akzeptiert oder gar als hilfreich angesehen wird.

Differenzierungsvorschläge

2 ↑ a) + b) Bei starken Klassen kann schon nach Zielgruppen unterschieden werden: Welche Werbung wurde mehrheitlich wahrgenommen - die, die Kinder ansprechen soll, oder die, die für andere Zielgruppen gedacht war?

Zielgruppen   Wie Werbung beeinflusst **6**

Zielgruppen

Werbung ist beinahe allgegenwärtig, aber nicht jede Werbung ist für jedermann bestimmt. Da der Nutzen eines Produkts oder einer Dienstleistung nicht für alle Menschen gleich ist, richten sich Werbebotschaften in der Regel an ein ganz bestimmtes Publikum, die sogenannte Zielgruppe. Diese Zielgruppe weist ein Merkmal oder mehrere gemeinsame Merkmale auf, z. B. Geschlecht, Altersgruppe, soziale Stellung, Interessen, Hobbys oder Konsumgewohnheiten. Auf diesen Seiten soll untersucht werden, auf welche Weise unterschiedliche werberelevante Gruppen gezielt von der Werbeindustrie angesprochen werden.

Kompetenzerwartungen: Die Schüler/-innen …
- beschreiben und analysieren Bilder und dazugehörige Textelemente,
- stellen Zusammenhänge zwischen Bildelementen und anderen Medien (z. B. Text) her,
- können Werbung kriteriengeleitet betrachten und ihre Wirkung untersuchen.

Seite 50 + 51

Anregungen für den Einsatz im Unterricht

An drei fiktiven Anzeigen lernen die Schüler/-innen, Werbung möglichst genau zu beschreiben und nach einem vorgegebenen Schema zu analysieren. Nachdem dies geschehen ist, sollten sie in der Lage sein, weitere Zeitschriftenanzeigen nach diesem Muster selbstständig zu untersuchen.

Die Aufgaben 1 und 2 können in Einzel- oder Partnerarbeit gelöst werden. Auch ein arbeitsteiliges Vorgehen ist denkbar. Die Auswertung erfolgt im Plenum. Dazu bietet es sich an, die beiden Seiten aus dem Schülerarbeitsheft als Folie einzusetzen.

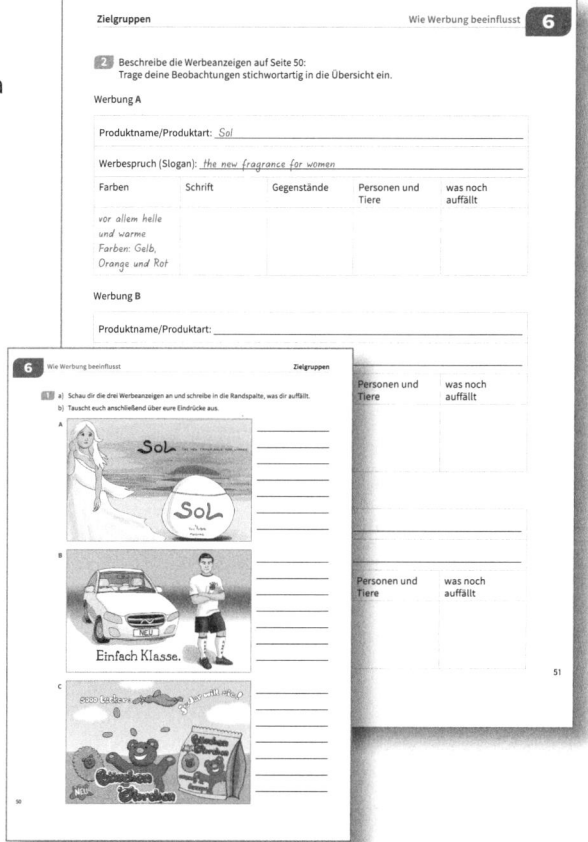

Lösungshinweise

1   **A** vorwiegend helle, warme Farben, Pastelltöne, runde Formen, runde Schrift,
Themen: Sonnenuntergang, Meer, Parfüm
     B klare Schrift, vorwiegend kalte Farben,
Themen: Auto, Fußball
     C sehr verspielte Schrift, bunte Farben,
Tiere statt Menschen,
Themen: Natur, Tiere, Kekse

2   Werbung **A**
Produktname/Produktart: Sol/Parfum
Werbespruch/Slogan: the new fragrance for woman
Farben: vor allem helle und warme Farben: Gelb, Orange und Rot
Schrift: runde Lettern, vor allem Großbuchstaben, rot und schwarz
Gegenstände: Parfumflakon
Personen und Tiere: eine Frau in einem weißen Kleid
was noch auffällt: Strand und Meer im Sonnenuntergang als Hintergrund

     Werbung **B**
Produktname/Produktart: nicht genannt/Auto
Werbespruch/Slogan: Einfach Klasse.
Farben: gedeckte Farben, vorwiegend Grautöne
Schrift: einfache Schrift, schwarz (und rot), dünne Buchstaben
Gegenstände: Auto
Personen und Tiere: ein Mann in einem Fußballtrikot
was noch auffällt: neutraler Hintergrund

6 Wie Werbung beeinflusst — Zielgruppen

```
Werbung C
Produktname/Produktart:   Bärchen Öhrchen/Kekse
Werbespruch/Slogan:       sooo lecker: jeder will sie!
Farben:                   bunte, kräftige Farben, grün, rot, blau, gelb, braun
Schrift:                  verspielte, ballonförmige Schrift
Gegenstände:              Kekstüte
Personen und Tiere:       Bären, Ente
was noch auffällt:        Natur als Hintergrund, keine Menschen auf der Anzeige
```

Differenzierungsvorschläge

1 ↓ a) Bei schwächeren Klassen kann die Werbung A zunächst gemeinsam im Plenum betrachtet und die Eindrücke der Schüler/-innen gesammelt werden.

2 ↓ Die Lehrkraft stellt den Schüler/-innen die richtigen Lösungen unsortiert zu Verfügung. Diese tragen dann die Lösungen an den richtigen Stellen im Arbeitsheft ein.

Seite 52

Anregungen für den Einsatz im Unterricht

Diese Seite führt die Analyse der vorhergehenden Doppelseite fort. Die Aufgaben 3 und 4 können sowohl in Einzel- als auch in Partnerarbeit bearbeitet werden. Die Auswertung erfolgt im Plenum.

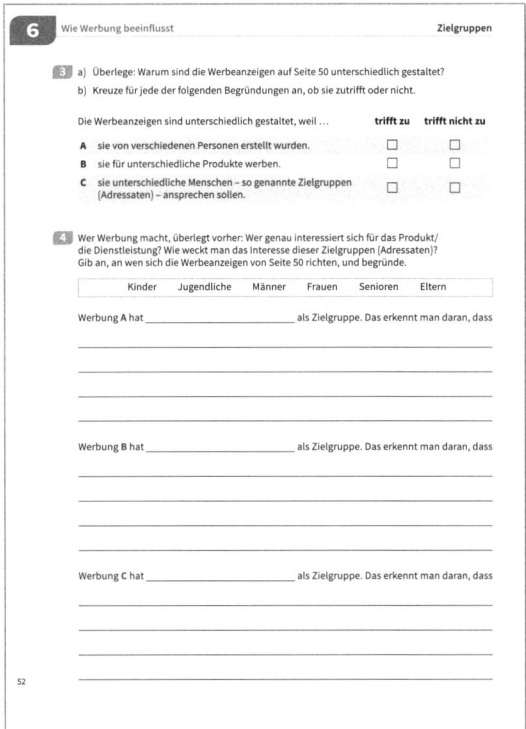

Lösungshinweise

3 a) Die Werbeanzeigen sollen verschiedene Zielgruppen ansprechen – Frauen (Parfum), Männer (Auto) bzw. Kinder (Kekse). Da sich diese Gruppen für verschiedene Dinge interessieren, sind auch die Anzeigen unterschiedlich gestaltet – um das Interesse der jeweiligen Zielgruppe zu wecken.

b) **A:** trifft nicht zu (wäre aber möglich)
B: trifft zu
C: trifft zu

4 Werbung **A** hat **Frauen** als Zielgruppe. Das erkennt man daran, dass (nur) eine Frau auf der Anzeige abgebildet ist. Auch das Parfum ist so gestaltet, dass es eher Frauen anspricht. Der Hintergrund und auch das Kleid der Frau wirken sehr romantisch.

Werbung **B** hat **Männer** als Zielgruppe. Das erkennt man daran, dass typische Männerthemen dargestellt sind: Fußball und Autos. Auf der Anzeige ist auch (nur) ein Mann zu sehen. Die Farbgestaltung ist nüchtern und kühl.

Werbung **C** hat **Kinder** als Zielgruppe. Das erkennt man daran, dass die Anzeige wie ein Kinderbuch gestaltet ist. Das Produkt soll Kindern gefallen; Kinder interessieren sich häufig für (niedliche) Tiere. Sie mögen auch meist kräftige Farben.

Schleichwerbung | Wie Werbung beeinflusst | **6**

Differenzierungsvorschläge

 ↓ Die Lösungen für Werbung A werden gemeinsam im Plenum besprochen.

 ↑ Die Lehrkraft bringt weitere Werbeanzeigen für unterschiedliche Zielgruppen mit. Die Schüler/-innen untersuchen diese nach dem bekannten Schema und ordnen sie dann passend zu.

Weiterführende Aufgaben

Die Schüler/-innen erstellen eine eigene (Print-)Werbung. Folgende Vorgaben können sinnvoll sein:
1. Die Werbung muss eine bestimmte Zielgruppe ansprechen.
2. Sie muss folgende Elemente enthalten:
   - den Namen des beworbenen Produkts
   - eine Abbildung des Produkts
   - ein (weiteres) Bildelement
   - einen Werbeslogan
   - eine zum Produkt passende Farbgestaltung
   - eine zum Produkt passende Schriftart
   - (…)

Schleichwerbung

Unter Schleichwerbung versteht man die Werbung für Produkte oder Dienstleistungen, die nicht als solche gekennzeichnet ist. Dies kann durch das gezielte Zeigen oder die Nennung eines Produktes in einem Spielfilm, im Radio, Fernsehen oder Internetvideo erfolgen. Schleichwerbung ist in Deutschland unzulässig. Davon abzugrenzen ist die Produktplatzierung oder „Produktbeistellung", bei der Produkte, Logos oder Dienstleistung beispielsweise in die dramaturgische Handlung eines Spielfilms eingebunden werden. Diese Form der Werbung ist in Deutschland erlaubt. Beide Werbeformen zielen darauf, das Verhalten, die Einstellung oder das Kaufverhalten der Konsumenten zu verändern.
Die Schüler/-innen sollen daher in dieser Unterrichtssequenz erkennen, dass es verschiedene Werbeformate gibt, die darauf zielen, sie möglichst über das Unterbewusstsein zu beeinflussen. Sie sollen die diesbezüglichen Intentionen der Medien erkennen und durchschauen.

Kompetenzerwartungen: Die Schüler/-innen …
- erkennen, wie Werbung ihr Konsumverhalten beeinflusst,
- können Werbung und Mode als Vermittler von Trends, Wunschvorstellungen, Werten und Lebensstilen erkennen und einschätzen,
- reflektieren die Intention von Werbung.

6 Wie Werbung beeinflusst — Schleichwerbung

Seite 53 + 54

Anregungen für den Einsatz im Unterricht

Der kleine Exkurs zur Schleichwerbung soll die Schüler/-innen darauf aufmerksam machen, dass es nicht nur klar erkennbare Werbung gibt, sondern dass auch über gezielt platzierte Werbung versucht wird, Menschen bei ihren Kaufentscheidungen zu beeinflussen.

Als Einstieg in die Thematik fungiert der Comic, der auf einen bei vielen Mädchen beliebten YouTube-Kanal anspielt, um auf die Produktplatzierungen hinzuweisen. Hier lassen sich auch die Vorerfahrungen der Schüler/-innen abfragen. Die Lehrkraft kann dabei auch schon gezielt nach Firmenlogos oder nach Automarken, Getränken oder Computerfirmen etc. fragen, die den Schülerinnen und Schülern in Filmen bereits aufgefallen sind. Wenn den Schülern bewusst ist, wie Produktplatzierungen und Schleichwerbung funktionieren, lassen sich auch YouTube-Videos oder Spielfilmszenen auf versteckte Werbung hin untersuchen. Gerade in amerikanischen Filmproduktionen ist die Platzierung von Werbung oft besonders augenfällig.

Aufgabe 1 a) kann einzeln bearbeitet werden, Aufgabe 1 b) sollte in Partnerarbeit gelöst werden. Die Aufgaben 2 bis 4 können sowohl einzeln als auch in Partnerarbeit gelöst werden; bei schwächeren Lerngruppen ist jedoch Partnerarbeit empfehlenswert. Alle Ergebnisse sollten im Plenum besprochen werden.

Lösungshinweise

1
a) Sina empfiehlt Vessi den Lippenbalsam von CooL, weil der wirklich besser sein soll. Sie glaubt das, weil sie in einem YouTube-Video gesehen und gehört hat, dass Dabby Gee diesen Balsam selbst toll findet.

b) Sinas Begründung ist nicht überzeugend. Sie erkennt nicht, dass Dabby Gee den Balsam nur erwähnt, weil sie für diese Form von Werbung bezahlt wird.

2 A falsch – B falsch – C richtig – D richtig

3 Individuelle Antworten.

4
a) teure Fernreisen → Erwachsene, Babyspielzeug → Eltern, Rasierapparate → Männer

b) Kinder sind an diesen Produkten wenig interessiert und kaufen sie selbst nicht – daher lohnt es sich auch nicht, sie in Kindersendungen zu bewerben.

Differenzierungsvorschläge

↑ Zum Abschluss bietet sich eine Diskussion darüber an, warum es überhaupt Werbung gibt, wer davon profitiert und in welchen Situationen Werbung von den Schüler/-innen positiv bzw. störend wahrgenommen wird. Dies kann beispielsweise in Form einer Pro-Kontra-Diskussion im Plenum oder auch in Kleingruppen stattfinden. Wird in Gruppen gearbeitet, können die stärksten Argumente für bzw. gegen Werbung zum Abschluss noch einmal im Plenum gesammelt werden. Dabei können drei Aspekte zur Sprache kommen:
- Warum ist Werbung nützlich für die Anbieter von Waren und Dienstleistungen?
- Inwiefern profitieren die Medien von Werbung?
- Wie profitieren die Verbraucher von Werbung? Wann (und warum) wird Werbung als störend empfunden?